Für meine Schwester

Bibliografische Information der Deutschen Nationalbibliothek:
Die Deutsche Nationalbibliothek verzeichnet diese Publikation in der Deutschen
Nationalbibliografie; detaillierte bibliografische Daten sind im Internet über
http://dnb.d-nb.de abrufbar.

1. Auflage	Februar 2016
© 2016	edition riedenburg
Verlagsanschrift	Anton-Hochmuth-Straße 8, 5020 Salzburg, Österreich
Internet	www.editionriedenburg.at
E-Mail	verlag@editionriedenburg.at
Lektorat	Dr. Heike Wolter, Regensburg
	Anna Rockel-Loenhoff, Unna
Bildnachweis	Handballtor: © Stockfotograf - Fotolia.com
	Handball: © roostler - Fotolia.com
	Turnschuhe und Handtuch: © sabine hürdler - Fotolia.com
Satz und Layout	edition riedenburg
Herstellung	Books on Demand GmbH, Norderstedt

ISBN 978-3-903085-25-1

Hebamme
Anna-Maria Held

Hebamme
Backstage

Inhalt

Damals

Alexander war neun Jahre alt, als er mir mit weisem und wissendem Blick eröffnete:

„Im Mittelalter, Mami, weißt du? Da wärst du verbrannt worden."

Wir befanden uns auf dem Weg in die Schule. Der Tag konnte mit einer solchen Information nicht besser starten.

„Ja, das wäre aber doof, oder?", antwortete ich. „Gut, dass wir nicht im Mittelalter leben und ich nicht verbrannt werde. Wer würde sonst für dich kochen, deine Wäsche waschen und dich in die Schule kutschieren?"

Alexander blickte sinnierend aus dem Fenster. Er hatte mir offenbar noch etwas zu sagen. „Du wärst verbrannt worden, weil man dachte, dass alle Hebammen Hexen sind."

„Jetzt ist man ja Gott sei Dank so schlau und weiß, dass das Quatsch ist und dass es keine Hexen gibt, stimmt's?", fragte ich, etwas gestresst übrigens, weil ich mich auf der Suche nach einem Parkplatz vor der Schule befand. Zu spät losgefahren. Wie immer. Ich hätte mir jetzt gern einen fetten Parkplatz gehext. Aber einen richtig fetten.

Alexanders und meine Blicke trafen sich im Rückspiegel bei meinem kläglichen Versuch, irgendwo einzuparken.

„Also Mami, bei dir kann man nie wissen. Bist du wirklich keine Hexe?"

„Schön wär's, Schatz. Aber nein. Bin ich leider nicht."

Was mir das für Möglichkeiten eröffnen würde!

„Und da bist du dir ganz sicher? Du kannst mir das ruhig sagen." Alexander war gar nicht von abzubringen.

Hätte er mich noch ein einziges Mal gefragt, hätte ich ihm mit geheimnisvollem Blick gesagt: „Unter uns, mein kleiner Schatz, verrat's nicht weiter, aber ich bin wirklich eine Hexe. Und was für eine. Wenn du das Papa erzählst, verhexe ich dich in ein Mädchen." Hat er aber leider nicht. Weil nämlich die Schulglocke am Läuten war und ich Alexander mit einem liebevollen „Los! Renn!", aus dem Auto schmeißen musste. Ich hatte doch noch einen Parkplatz gefunden. Wenn die zweite Reihe voll war, gab's auch immer eine dritte Reihe. Und wenn ich sie selbst eröffnen musste.

Für meinen Sohn war ich also offenbar eine Hexe. Das Thema ist selbst heute noch nicht ganz vom Tisch für ihn.

Es gibt ja viele Annahmen, was und wie Hebammen so seien. Wenn eine Schwangere zum ersten Mal eine Hebamme anruft, denkt sie häufig, dass sich die Hebamme gerade ganz gemütlich einen Tee macht, ihre innere Mitte gefunden und gestärkt hat und sich ein Paar Wollsocken strickt.

Dass die Hebamme in Wirklichkeit auf dem Klo sitzt, mit einer Freundin am Streiten ist oder ihre Kinder anschreit, damit die endlich ihre Zimmer aufräumen sollen ... Nein, ausgeschlossen.

Ganz zu schweigen davon, dass sie vielleicht gerade Sex mit ihrem Mann hat. Hui, haben Hebammen überhaupt Sex? Haben sie? Ja, ich habe mal davon gehört, dass die so was machen. Ich natürlich nicht. Aber manche schon. Selbst die, die außerklinische Geburtshilfe anbieten, 24 Stunden am Stück Gewehr bei Fuß stehen und ihr Handy immer dabeihaben. Auch die haben welchen.

Wenn's währenddessen mal klingelt ... Was für ein ekstatischer Moment muss das wohl sein! Ob Hebammen die Gürteltasche mit dem Handy auch beim Sex umlassen? Dann hat man das jedenfalls schnell parat.

Es ist tatsächlich so, dass Hebammen Meisterinnen darin sind, den Schein zu wahren. Und was hinzukommt: Hebammen können zwar im Urlaub sein oder ihrer Freizeitbeschäftigung nachgehen, aber sie sind immer Hebammen. Immer.

Auch backstage.

Hebamme
Backstage

Mutter Teresa und das Scheunentor

Die Hebamme an sich ist auch privat gern Mutter Teresa und kümmert sich ehrenamtlich um jeden, der es braucht. Sagt man ja so. Stimmt auch oft. Wenn ich Bock dazu habe.

Meine Lieblingsnachbarin kam an einem sommerlichen Sonntagvormittag zu uns rübergeeilt. Schön warm war's.

„Ben hat sich gestern Abend so was von abgeschossen und kotzt jetzt die ganze Zeit, ich könnte ihn umbringen! Hast du vielleicht etwas dagegen?", fragte sie mich leicht aufgebracht, aber auch durchaus besorgt. Es ging schließlich um ihr Nesthäkchen.

Ich ging mit zu ihr nach drüben, dieses Highlight durfte ich nicht verpassen.

Ihr Sohn, das nicht mehr ganz so kleine absolute Hübscherchen, lag wie ein Häufchen Elend zu Hause auf dem Sofa. Ein großer, zum Glück gerade entleerter und mit Desinfektionsmittel befüllter Eimer stand neben ihm. Ben wollte sich lieber nicht bewegen, aus Angst, sofort wieder loszukotzen oder vielleicht auch direkt an Ort und Stelle zu verenden. Selbst die Augen zu öffnen stand völlig außerhalb des Zumutbaren.

„Mach mal den Mund auf", sagte ich zu ihm und gab ihm ein paar Globuli für den überforderten, promillegefüllten Magen.

Die Lieblingsnachbarin tobte um ihren halbtoten Sohn herum. Wie er so da lag, der eitle, niedliche Ben, das war kaum zu ertragen. Ich musste ihm einmal durch die Haare wuscheln. Selbst die lagen nicht. Es stand also wirklich schlimm um Ben.

„Jetzt geh ich erstmal zu Hilde, das alles saubermachen! Richtig Bock hab ich da jetzt nicht drauf, wie du dir vorstellen kannst! Da wirst du dich auf Knien entschuldigen müssen!", schimpfte sie.

„Washahichngemacht?", fragte Ben mit immer noch geschlossenen Augen und schwächster Stimme.

„Die ganze Hollywoodschaukel hast du vollgekotzt! Alles voll! Und die Terrasse! Weißt du, wie peinlich mir das ist? Und wie gefährlich das war? Wie kann man nur so leichtsinnig mit seinem Leben umgehen?"

Sprach's, rauschte zur Tür raus, und weg war sie. Kotze wegwischen fahren. – Ich wäre ausgerastet, wenn Alexander das gewesen wäre. War er aber nicht. –

„Mach nochmal den Mund auf", befahl ich.

Ben ging es schon etwas besser, er musste über seine Glanzleistung etwas kichern. Aber nur etwas.

Bingbingbing. Mein Handy. Eine Schwangere meldete sich mit großer Schwangerschaftsübelkeit. Ob ich ihr da was empfehlen könnte. Ja. Konnte ich. Exakt das, was ich gerade Ben eingeflößt hatte. Sie würde es allerdings selbstständig hinbekommen.

Zurück zu Ben – und seinem Bruder, der gerade zur Tür reinkam. Besonders verständnisvoll war der nicht: „Globulis? Ich hätte ihm an deiner Stelle 'ne fette Nadel in den Arm gejagt und eine Infusion drangehängt. Damit er sich das mal merkt!"

Eine Stunde später erhob sich Ben vom Sofa, setzte sich eine Sonnenbrille auf und sah zumindest wieder hübsch aus. Um mehr ging es erstmal auch nicht.

„Das ist echt cool, dass du alles immer da hast, was man so braucht", sagte die Lieblingsnachbarin ein paar Tage später. Ärger und Hollywoodschaukelkotze waren mittlerweile verraucht bzw. weggeschrubbt. „Dann weißt du ja bei dir selbst und deinen Lieben immer, was zu tun ist, oder?"

Ja. Das denkt man immer. Aber meine Familie hütet sich ehrlich gesagt davor, mich bei jedem Wehwehchen vollzuheulen, denn so schnell, wie ich eine Akupunkturnadel oder ein Tape zücke, können die gar nicht gucken. Apropos: Tapes bei meinem Mann Lennert kommen jetzt übrigens eher nicht mehr zum Einsatz. Die Quaddeln seiner allergischen Reaktion haben mich noch lange beeindruckt. Ihn auch.

Aber wenn's richtig akut ist, dann kommen sie an. „Hast du Globulis / Tapes / Schüßler-Salze / Akupunktur / eine Massage gegen Halsweh / Bauchweh / sonst was?"

Was jedoch Therapiemöglichkeiten bei mir selbst angeht: Also nein. Da ist das eher schwierig. Ganz ehrlich. Mir fällt da meistens nichts ein. Was jetzt nicht daran liegt, dass ich so außergewöhnliche Krankheitsbilder aufweisen würde. Nein, so ist es nicht. Das sind Kopfschmerzen, Menstruationsbeschwerden und so weiter und so fort. Was frau eben so hat. Ich leide dann still vor mich hin oder jaule laut rum und frage mich, was mein Leid nun lindern könnte.

Es ist dann in etwa so, als würde ich mit den Händen in den Jackentaschen vor einer Scheunentür stehen, deren Klinke ich einfach nur drücken müsste, um sie zu öffnen. Fällt mir aber nicht ein. Und so bleibe ich vor der Scheunentür stehen und sage, „Ich komm nicht rein. Ist zu."

Währenddessen macht mein Handy wieder Bingbingbing. Eine Schwangere. Mit Kopfschmerzen. Was man da machen könnte. Na, warmes Wasser trinken, Schüßler-Salze Nr. 7 auflösen, ist doch klar!

Erstmal einen fetten Cocktail trinken ...

Hebammen haben keine Laster: Hebammen ernähren sich vegan oder mindestens vegetarisch. Sie kaufen ausschließlich in Bioläden ein. Sie schminken sich niemals, und Alkohol gibt's natürlich auch nicht.

Rauchen? Um Gottes willen! Nur heimlich. Und natürlich mit dem Verweis darauf, dass sie damit dem Staat wegen der Steuereinnahmen einen immensen Gefallen tun würden. Uns allen quasi. Der Vorschlag, dass sie ja dann einfach die Zigaretten kaufen und sie direkt wegschmeißen könnten, um sich hinterher immer noch als Helden feiern zu lassen, wird überhört, ignoriert oder mit einem „Pfff, so einfach ist das nicht" abgetan. Aber bitte.

Hebammen gehen nicht groß aus. Sie besuchen mal eine Fortbildung oder andere Hebammen. Aber Rummel? Restaurant? Reeperbahn? Never ever. Ausflippen? Auf keinen Fall.

Hebammen führen also das alleralleralerlangweiligste Leben auf der ganzen, weiten Welt. Ach was. Im Universum!

Denkt man jedenfalls.

„AND IF WE DIE, TOMORROW, WHAT WILL WE HAVE TO SHOW? FOR THE WICKED WAYS. DOWN BELOW. THE RHYTHM INSIDE IS TELLING US WE CAN FLY TOMORROW. ON THE BEAUTYFUL WIND THAT BLOWS. ON A COSMIC JIVE LOVE OR DIE. I'M GONNA GET THAT RHYTHM BACK. RRRRRRAPAPAB! RRRRRRAPAPAB! WE GONNA RRRRRRAPAPAB TONIGHT."

Am Morgen nach dem Eurovision Song Contest war ich in der Küche nicht mehr zu stoppen. In Shorts und Arbeits-T-Shirt von Lennert gab ich einfach alles und schrie wild entschlossen in mein Mikro – also in den Schneebesen. Ich war der belgische Teilnehmer Loïc Nottet. Ich war Belgien. Die Menge jubelte. Naja, fast jedenfalls.

Selma reichte mir das Telefon: „Mami, da ist eine Frau für dich dran."

Hin und wieder gehe ich mit meiner Freundin Christiane in die Cocktail-Happy-Hour. Die geht leider nicht so lange, nur bis 22 Uhr. Deshalb ist es so, dass wir schon bei Betreten der Cocktailbar mehrere Cocktails auf einmal bestellen. Und dann kurz vor Schluss noch mal. „Isserskurssvorzehn. Lassunsnoch jeder drei bestellllln!"

Einer unserer Männer fährt uns dann netterweise meistens. Oder wir fahren mit dem Taxi.

Weil es selbst beim Beginn unseres Treffens schon nach 20 Uhr ist, hab ich auch kein schlechtes Gewissen, das Telefon zu ignorieren. Ist auch besser so. Eine SMS kriege ich nach der Happy Hour nämlich nicht mehr hin. Ich vertrag ja nichts. Wer in so einem Zustand schon mal eine SMS von mir bekommen haben sollte, der weiß, wovon ich spreche.

Mein russischer Onebrainsoulmatebro Sergej, der weiß das zum Beispiel. Der verträgt allerdings viel. Ist ja auch ein Russe. Ein handballspielender, schwuler Russe. Wer schon mal in einer schwulen Wohnung war, der weiß, wie wundervoll das dort nach Parfum und Körperpflegeprodukten duftet und wie geschmackvoll so eine Wohnung eingerichtet ist. Wenn ich zu Hause mal rausfliege, ziehe ich bei Sergej ein.

Und wer einen schwulen Freund hat, der weiß, was für eine Wirkung so jemand auf andere Menschen hat. Sergej wird von allen Seiten angehimmelt und geliebt. Ich habe den Eindruck, dass sich seine Mannschaft nicht komplett fühlt, wenn er nicht da ist.

Wer einen Kurzurlaub für seine Seele braucht, verbringt einfach zehn Minuten mit Sergej. Schon ist man erholt und aufgeladen, weil es nicht möglich ist, einen mürrischen Gedanken in seiner Gegenwart zu hegen. Jedem geht das so. Deshalb darf sich Sergej überall mehr rausnehmen als jeder andere: Mich darf er zum Beispiel ungestraft Chantal nennen.

Wenn über Sergej gesprochen wird, dann immer mit einer Fröhlichkeit und Wertschätzung, die ich sonst selten erlebe.

Ich glaube, ich will auch schwul sein.

Und obwohl Sergej mit seinem Mann wohl keine Kinder zeugen wird, hat er sich immerhin von mir erklären lassen, warum es keine Eileiter mit Sprossen zum Hochsteigen gibt.

Ich habe Lennert mal empfohlen, sich eine lesbische Freundin zu suchen, weil er von der Arbeit immer so gestresst ist und weil ich finde, dass ihm so was helfen könnte. Aber er meinte, das würde so herum nicht funktionieren. Dann eben nicht.

Sergej wird regelmäßig von mir akupunktiert und getaped. Meistens geht, bingbingbing, das Handy währenddessen.

„Ich fahre zu einer Geburt, möchtest du vielleicht mit?", meinte ich.

Sergej darauf: „Iiiih, nee, das würde ich nicht machen. Das ist bestimmt mit Blut und so. Voll eklig. Ich bleib mal lieber hier, nä?"

Sergej wettet übrigens regelmäßig mit mir. Und ich verliere regelmäßig fast alle Wetten. Es ist wie eine Sucht, ich brauche dann immer eine neue Wette, die ich gegen ihn gewinnen könnte. Ich bin noch auf der Suche nach was Todsicherem.

Eine Kiste Bier, Handballkarten, Kinokarten, Handballtrikots, Lasagneflatrate – alles Einsätze, die ich bereits leisten musste. Und alles begann jeweils mit Sergejs: „Chantal, wollen wir wirklich wetten? Hä? Hä? Hä? Willst du schon wieder verlieren?" Und meiner Antwort: „Nein, dieses Mal gewinne ich! Todsicher! Darauf wette ich!"

Ich sehe es schon kommen, irgendwann setze ich Lennert, meine Kinder, mein Auto oder unser Haus ein. Dann wird's Zeit für einen Besuch bei der Suchtberatung. Spätestens. Da nehme ich Sergej dann aber mit. Der kann's ja irgendwie auch nicht lassen mit der Wetterei.

Interview mit einem Hebammen-Freund

Sergej? Hilfst du mir bei meinem Buch und beantwortest mir die Interviewfrage, wie du es findest, mit einer Hebamme befreundet zu sein?

Wie es ist, mit einer Hebamme befreundet zu sein?

Ja. Genau.

Wunderbar ist das. Aber: Also das Handy ist ja die ganze Zeit am Bimmeln. Schrecklich! Und als Mann erfährt man so mancherlei Dinge, die man normalerweise nicht erfährt. Also der Storch ist es doch nicht. Zum Beispiel.

Und das Organisationstalent dieser „Tante". Bewundernswert ist das. Wie sie Familie und Job unter einen Hut kriegt – Hexerei. Als Freund bin ich stolz. Stolz darauf, einen Menschen zu kennen, der alles dafür gibt, Kindern auf die Welt zu helfen und die Eltern glücklich zu machen.

Gut so?

Ja. Super. Danke sehr.

Chantal, hast du noch ein Bier? Prost, nä?

Die Würfel am Spiegel des Lebens

Hebammen besitzen in der Regel keine PS-starken Autos. Hauptsache, die Karre fährt von A nach B. TÜV braucht die eigentlich auch nicht. Wo 70 erlaubt ist, wird wirklich allerhöchstens 70 gefahren. 60 reicht aber auch.

Hebammen sind so gechillt, die bringt nichts aus der Ruhe. NICHTS. Und wenn doch, dann wird eine Tasse grüner Tee getrunken, und schon ist die Welt wieder im Gleichgewicht und man kann getrost zum Yoga gehen, um NOCH mehr runterzukommen. Der Ruhepuls liegt bei Hebammen also so ungefähr bei 30 Schlägen pro Minute und in Stresssituationen bei 31.

Wobei das ja an sich nie eintritt, so eine Stresssituation. Nein, Stress kennen Hebammen nicht. Meint man oft.

Neulich fuhr ich hinter meiner Kollegin Gerlinde her. Zufällig. Und was sah ich? Sie raste über eine rote Ampel.

„Sag mal, hab ich mich verguckt, oder bist du über eine rote Ampel gefahren?", fragte ich sie ein paar Tage später, als wir uns im Geburtshaus trafen.

„Da haste dich bestimmt verguckt, an dem Tag waren das mindestens drei!" Gerlinde hatte an dem Tag offensichtlich Stress.

Gut, dass wir noch nie nebeneinander an einer Ampel standen. So was stresst mich nämlich immer enorm, nicht nur auf Hebammenfahrten.

Ich kann es nicht lassen, ich muss die Erste sein, die bei Grün wegkommt. Ich ertrage das sonst nicht. Währenddessen darf auch mein Handy nicht klingeln, weil ich ja das Rennen gewinnen muss.

Am liebsten würde ich den Motor aufheulen lassen, allerdings ist das bei einem Automatikgetriebe recht schwierig. Das müsste ich auf N stellen oder auf P. Und von dort wieder auf D umstellen. Das kann wertvolle Zeit kosten und mich unnötigerweise um meinen Sieg bringen.

Das Coolste ist, dass ich die meisten Rennen gewinne. Was vielleicht auch daran liegt, dass nur ich erkenne, dass es ein Rennen ist – und der andere Teilnehmer gar nicht wirklich teilnimmt.

Irgendwann hänge ich mir mal zwei Würfel an den Rückspiegel. Soll ja ein sicheres Zeichen sein. Wahrscheinlich mach ich's aber nicht. Es ist so dermaßen unhebammig, das kann ich nicht bringen.

Allerdings könnte ich in der Disziplin Ampelrennen tatsächlich mal gegen Sergej gewinnen.

„Wetten, ich zieh dich an der Ampel ab? Hä? Hä? Hä?"

Sergej hat nämlich keinen Führerschein. Aber ein Mountainbike. Ich frag ihn lieber nicht. Wahrscheinlich bin ich dann so gestresst, dass ich meinen Automatikwagen abwürge (Ich schaffe so was bestimmt.) und Sergej betont lahmarschig an mir vorbeifährt, sich währenddessen noch mit seiner mattierenden Tagespflege das Gesicht eincremt („Chantal, nimm du auch ruhig was davon.") und mal wieder gewinnt. Und dann muss ich wahrscheinlich seine Küche ein Jahr lang aufräumen.

Solche kleinen Ampelrennen machen mich immer so fertig, dass ich dann, wenn ich bei den Hausbesuchen angekommen bin, erstmal auf die Toilette muss. Der Stoffwechsel. Schlimm. Manche Familien weihe ich in mein kleines Laster ein. Sonst denken die noch, ich hätte ein echtes Problem.

Hebamme goes shopping

Hebammen spüren es, wenn eine Frau schwanger ist. Sie sehen es ihr förmlich an. Kein Test ist da nötig, und Ultraschall erst recht nicht. Sagt man ja oft.

Ich habe da zwar sehr oft ein Gespür für, aber: Regelmäßig kaufe ich eine ganze Batterie an Schwangerschaftstests. Irgendeine Frau sitzt immer in einem meiner Rückbildungskurse, um mich nach der Kursstunde mit ängstlichem Blick und Baby auf dem Arm zu sich zu bitten und bang zu fragen:

„Ich habe meine Tage nicht bekommen, ist das normal?"

„Naja, wenn du schon wieder schwanger bist, dann ist das normal. Bist du denn?", erkundige ich mich dann.

„Könnte sein, ich weiß ja auch nicht, kann ich denn?", heißt es daraufhin meist, während das Baby entweder losspuckt oder heult.

„Also, es ist so. Wer Sex hat, kann schwanger werden. Hattest du denn welchen?"

„Naja, also ... Dürfte ich denn?"

So geht das immer hin und her mit der Fragerei.

Und dann ist es immer ganz gut, einen Schwangerschaftstest parat zu haben. Auch im Freundeskreis findet sich ab und zu mal eine Freundin, die „jetzt auch nicht so genau weiß", warum sie ihre Tage einfach nicht kriegt, und sich nicht traut, einen Schwangerschaftstest zu kaufen.

Meist kaufe ich die online.

Neulich war ich allerdings bei einer großen Drogeriekette. Die hatten mehrere im Angebot. Ich war froh, dass ich da niemanden getroffen habe, den ich kenne. Ruckzuck gibt's Gerüchte. Geht ja immer schnell so was. Schlimm.

Sechs Tests sind es dann insgesamt geworden, der Preis war unschlagbar günstig. „Hoffentlich sitzt da jetzt kein Jungspund an der Kasse, der nicht weiß, wohin er gucken soll", dachte ich so.

Es saß natürlich ein Jungspund an der Kasse. So ein junger, kleiner Checker, vielleicht 17 oder so. Er tat mir schon leid, als ich ihn nur dort sitzen sah.

„Hallo", sagte er.

„Hallo", antwortete ich. Und dachte noch zusätzlich: „Du kleines Opfer!"

„Bip. Bip. Bip. Bip. Bip. Bip", machte der Abpiepser.

„Da wollense aber ganz auf Nummer Sicher gehen, wa?", fragte der Jungspundkassierer mich grinsend.

„Äh, also, die sind nicht für mich."

Ich war echt überfordert mit dieser Frage.

„Hmm, schon klar, für ‚ne Freundin nä?", kam noch grinsender zurück.

„Nee echt. Ich bin Hebamme, ich brauche die beruflich!"

„Krass, Hebamme, echt? Das ist ja cool."

Jungspundkassierer war in seinem Element.

„Dann sindse ja vom Fach, nä? Also was ich schon immer mal wissen wollte: Sind die alle gleich zuverlässig? Auch die richtig billigen?"

„Ja, sind sie."

„Meine Schwester nä? Die ist 26 und kriegt jetzt ihr fünftes Kind! Der fällt echt nichts anderes in ihrer Freizeit ein. Ich hab selbst noch vier Geschwister", erzählte er mir. Kassiert hatte er schon längst. Die Schlange an der Kasse hörte gespannt zu.

„Wow. Das liegt dann bestimmt in der Familie. Also schön aufpassen, wenn du noch nicht Vater werden willst", empfahl ich.

„Nee. Dafür hab ich viel zu viel zu tun. Und ich hab auch andere Hobbys außer Rumpoppen und so."

Ja. Schön. Würde man dann sehen.

Fashion Morning

Die Hebamme an sich trägt gern Leinen. Und Baumwolle. So Sackartiges. Tussihafte Röcke eher nicht so. Dafür müsste sie sich ja die Beine rasieren. Macht die aber nicht so gerne. Wegen Emanzipation und so. Sagt man ja immer. Hab ich jedenfalls schon oft gehört.

Ich habe mir neulich zwei Bleistiftröcke gekauft. Schön günstig. Hebammen verdienen ja nichts. Nichts!

Jedenfalls fällt meinem Sohn Alexander jede kleine Veränderung auf. Sehr aufmerksam. Er könnte es eines Tages mal richtig weit bringen in der Damenwelt. Falls er nicht Nils heiratet, natürlich. Das stand zu Kindergartenzeiten nämlich noch zur Debatte. Wird man dann sehen.

„Oh, Mami! Neuer Rock? Sieht schick aus!"

„Ja? Das freut mich! Danke!"

Hoffentlich bleibt er in der Pubertät auch so, wenn er da so richtig mit Schmackes angekommen ist ...

„Man sieht aber ein bisschen deine Unterwäsche."

Kritischer Blick auf meinen Hintern. Da war ich vorher extra zum Dessousladen gelatscht, um mir megahässliche fleischfarbene Unsichtbarkeitsunterwäsche zu kaufen, und dann das.

Übrigens war es dort so gewesen, dass ich oben ohne in der Umkleidekabine gestanden hatte, die Verkäuferin mit einem ganzen Ensemble an BHs reingerauscht war, mich angesehen und gefragt hatte:

„Sind Sie nicht die Hebamme aus Altona?"

An den Brüsten erkannt, oder was?

Selma konnte Alexanders Meinung nicht teilen.

„Gar nicht wahr. Das sieht alles gut aus. Dreh dich noch mal um, Mama." Auch sehr kritischer Blick. Stirnfalte, Augenbrauen unter der Nase. „Nee, ich seh da nichts."

„Doch hier", kam Alexander angetrabt und zeigte auf meinen Po. „Da sieht man voll die Wellen."

WELLEN?! CELLULITE?! Ich wollte ausflippen. Aber ich riss mich am Riemen.

Alexander hob meinen Rock hoch, so schnell konnte ich gar nicht gucken.

„Guck, du hast dir Unterwäsche mit so Wellen dran gekauft."

Gott sei Dank. Gott sei Dank. GOTT. SEI. DANK.

„Das heißt Spitze", brachte ich mit letzter Kraft erleichtert hervor.

„Ach komm. Wellen. Spitze. Egal. Jedenfalls sieht man davon ein bisschen den Rand. Also würde man. Wenn die Sonne drauf scheinen würde."

Alexander schaute mir genau in die Augen, um sicherzugehen, dass ich ihn auch wirklich verstanden hatte. Hatte ich. Ja.

Selma musste sich wieder einschalten.

„Quatsch, Alex. Ich seh da überhaupt nichts. Ich will auch noch mal gucken. Nimm noch mal Mamis Rock hoch."

Hallo?

Und während Alexander meinen Rock anlupfte, empfahl er mir, „meinen Arsch einfach nicht in die Sonne zu halten."

Danke, mein Sohn.

Da frage ich mich manchmal, ob es nicht einfacher wäre, dem modischen Klischeebild der Hebamme gerecht zu werden. Einfach nicht so drauf achten, auf alles. Wie stressfrei wäre das? Herrlich. Augenbrauen zupfen? Beine rasieren? Schminken? Kontaktlinsen in die Augen popeln? BHs anziehen? Haare machen? Bräuchte ich dann alles nicht mehr.

Dann würden mir die Schwangeren auch zur Begrüßung nicht immer sagen, „Du siehst gar nicht aus wie eine Hebamme."

Na, wie seh' ich denn dann aus? „So normal." Aha.

Die Stillabraterin

Die Hebamme an sich altert in Würde und braucht daher nicht zum Friseur gehen. Kein Schnitt, keine Farbe. Nichts. Die Natur macht das schon, findet die Hebamme. Sagt man zumindest oft, dass die das so findet.

Zwei bis drei Mal im Jahr gehe ich allerdings zu Angel. Ich möchte fast sagen: Für diese Friseurtermine lebe ich. Ein bisschen an den Haaren rummachen, Strähnchen, schneiden, waschen, föhnen. Herrlich. Kleiner Kurzurlaub.

Ich bin mir sicher, dass Angel niemals schläft. Als sie ihre Tochter Emilia bekommen hatte, war ihr sofort wahnsinnig langweilig, weil: „Die schlief ja nur." Somit begann sie nachts mit Hanteltraining, renovierte ihre gesamte Wohnung, dekorierte sie mehrfach um ... Das hatte sie sich irgendwie anders vorgestellt mit Kind. Mehr Action.

„Na Angel? Hast du nicht Lust, mit zum Handball zu kommen? Wir bräuchten da noch ein paar Frauen", fragte ich sie, während sie meine Haarpracht um ein paar Zentimeter kürzte und mich damit gleich ein paar Kilo leichter machte. Meine Haare wachsen nämlich wie Unkraut. Als würde man täglich mehrfach Dünger draufkippen.

„Ach nee, Bella. Lass mal", lachte sie. Schnippschnippschnippschnippkämmkämmkämmschnippschnipp.

„Ich glaube, ich werde erstmal überhaupt gar keinen Sport mehr machen", sagte sie und guckte mich einmal kurz über den Spiegel an. „Guck mal, Länge so okay?"

„Ja. Voll gut. Und warum keinen Sport? Angel? Schwanger?" Manchmal gibt's ja so was wie 'ne besondere Ahnung ...

„Jaaaaaa", flüsterte Angel. Der gesamte Friseursalon war zufällig mucksmäuschenstill.

Angel, die „nicht noch mal mit der ganzen Scheiße von vorn anfangen" wollte.

Angel, die froh war, ihren Körper wieder für sich zu haben.

Angel, die minutengenaue Struktur brauchte.

Angel, die Kinder an sich ganz schön nervig finden konnte.

Angel war also doch wieder schwanger und ihre achtjährige Tochter würde große Schwester werden. Coolio!

Wir unterhielten uns noch ein bisschen über alles Mögliche. Laberlaber, und wie läuft's in der Schule bei Selma? Blabla, ja, ja, ganz gut, Lehrerin oft krank, aber jammerjammer, was soll man machen, hachhach.

Und sonst so, laberlaber, wie geht's Lennert, blabla? Supersuper, wie immer, viel zu tun, stressstress, Zahlenzahlen, aber lieber so als arbeitslos, klugscheißklugscheiß.

Und blabla, Alexander? Handball, blablalaberlaber? Supersuper, aber schon wieder gelbe Karte beim letzten Handballspiel, schimpf-

schimpf, blablalaberlaber, bestimmt bald rote auch noch. Und so weiter.

„Braucht man eine Hebamme, Bella?", fragte Angel, während sie mir die Haare einschäumte.

„Hier mach noch mal überall ordentlich was rauf, alles noch total fettig, Angel. Das musst du bestimmt noch so zehn Minuten durchschäumen alles. Und naja, brauchen ist ja ein großes Wort ... Du kommst nicht ins Gefängnis, wenn du keine hast. Schaden tut's aber nicht."

„Und was machst du dann so?"

„Na, gucken, ob du aufgeräumt und durchgewischt hast, deinen Kaffee wegtrinken, dein Kind niedlich finden und mit dir quatschen. Dich bevormunden, dich mit aller Macht dazu überreden, doch zu stillen und in den Wahnsinn treiben natürlich." Was sonst auch?

„Gut, hast du noch Kapazitäten frei?", Angel war begeistert.

„Klar, aber schäum noch mal durch. Guck mal, ist bestimmt immer noch ganz fettig alles."

Friseurbesuche ... Könnte ich täglich haben, so was Entspannendes.

Ein paar Monate später klingelte dann mein Telefon. Angel war dran. Sie kicherte.

„Du Bella, weißt du was? Mir ist gerade die Fruchtblase geplatzt. Direkt hier, wo ich jetzt stehe, und da dachte ich, ich ruf dich erstmal an."

Oh. Schön.

„Toll, Angel. Welche Farbe hat es denn? Das Fruchtwasser?"

„Keine Ahnung. Hat gerade PLATSCH gemacht und zum Glück hatte ich das Handy schon in der Hand. Hab dich ja direkt angerufen. Die machen mich schon alle bekloppt hier, dass ich sofort in die Klinik soll. Muss ich das machen? Mir geht's ja super!"

Angel, die absolute Frohnatur. Warum gibt's nicht mehr Frauen wie Angel? Das wäre so herrlich unkompliziert, ohne diese ganzen „Ich hab gelesen / gehört / gesehen, dass"-Geschichten. „Kicher dich durch dein Leben! Das Leben ist schön! Sei unbeschwert!" DAS müsste die Devise sein. Echt. Mein Reden. Das Leben wäre so viel leichter!

„Hast du Wehen? Irgendwas? Kind bewegt sich schön?"

„Alles ist schön! Reicht doch, wenn ich noch kurz alles hier fertig mache und dann in die Klinik fahre, oder?"

Also „kurz alles hier fertig machen" ist bei Angel immer so eine Sache. Es muss immer noch „kurz" das Bad geschrubbt, dann „schnell" durchgesaugt, dann „noch eben durchgewischt", dann „fix" das Essen vorgekocht werden, und anschließend gäbe es sicher noch drei, vier, fünf Dinge, die „heute aber wirklich" dran sind. Schminken und Haare machen nicht. Das erledigt Angel immer direkt nach dem Aufstehen. Morgens halb fünf. „Ich kann dann einfach nicht mehr schlafen." Angel hat bestimmt was mit der Schilddrüse.

„Aber ja", antwortete ich also. Angel würde das schon merken, wenn die Geburt richtig Fahrt aufnehmen würde.

Letzten Endes konnte Angel leider nichts mehr „eben schnell noch fertig" machen, weil ihre Nachbarn, ihre Eltern, ihr Freund und ihre Tochter Emilia sie in den Wahnsinn trieben und sie fand, dass sie im Krankenhaus einfach mehr Ruhe hatte. Also setzte sie sich mit ihrer nassen Hose ins Auto, fuhr ins Krankenhaus, presste zweimal und ihr kleiner Prinz Leonard ward geboren.

Acht Wochen später stand Angel schon wieder im Friseursalon. „Man wird ja direkt bescheuert von dem ganzen Zuhauserumgehocke. Etwas blonder, Bella?"

„Ja, gern. Machst du heute wieder mit Kopfmassage und so?"

„Aber sicher. Kann ich dir heute mal die Haare glätten? Sieht bestimmt Hammer aus."

Von mir aus.

„Du, ich hab heute eine aus dem Krankenhaus wieder getroffen. Mit der lag ich ja im Zimmer. Die wollte echt allen Ernstes stillen."

Das war ja ein Ding. Stillen. Unglaublich.

„Die war im Krankenhaus ja so am Rumheulen mit ihrer Brust und guckte immer ganz neidisch auf meinen pennenden Leonard und die Flasche. Ich hab der gesagt, ‚Mach dich doch nicht bekloppt, gib doch auch die Flasche, ist doch viel einfacher.' Also ehrlich mal. Hab ich ihr ja gut mit geholfen, glaub ich. Oder Bella?"

Hm ja. Kann man wohl machen. Die Hebammen im Krankenhaus hätten Angel dafür bestimmt am liebsten den Hals umgedreht. Aber, tja nun. Was sollte ich da sagen? Außer „Massier noch mal da auf der rechten Seite. Oder gleich noch mal den ganzen Kopf. Merkste? Alles noch total verspannt da."

Bingbingbing. Mein Handy. Eine Wöchnerin.

„Ich glaube, ich habe nicht genug Milch. Irgendwie läuft das Stillen gerade nicht so. Hast du eine Idee dazu?"

Moment, ich verbinde kurz mit Angel, die hat auf jeden Fall eine ...

Interview mit einer Hebammen-Tochter

Na Selma? Wie ist das so, als Tochter einer Hebamme?

Voll cool, Mama!

Ja? Warum?

Weil hier immer voll viele Leute herkommen, die du schön akupunktieren und tapen kannst. Und weil Hebammenkinder was ganz Besonderes sind, hat mal jemand gesagt.

Warum sind die denn so besonders?

Keine Ahnung. Aber du bist für mich ja keine Hebamme, sondern eigentlich meine Mama.

Echte Sorgen

Die Hebamme an sich hat ja immer sofort irgendeine Meinung zu allem, was in ihrer Umgebung passiert, und tut die kund. Sie ist die perfekte aktive Problemlöserin. Denkt man immer.

Manchmal ist es aber viel lustiger, einfach nur zuzuhören und anderen potenziellen Problemlösern eine Chance zu geben. Da gibt's nämlich ab und zu herausragende, ungeahnte Talente! Glaubt man gar nicht!

Ich war noch unterwegs auf dem Heimweg vom letzten Hausbesuch des Tages, da rief mich Lennert an, um zu fragen, was ich abends so kochen würde.

„Na Fisch, wie immer."

Lennert hasst Fisch.

Und deshalb gibt's auch nie Fisch. Nur Fischstäbchen.

„Ich könnte Selma auf den Mond schießen!"

Hui. Lennert ist normalerweise so tiefenentspannt, dass sein Puls kaum noch zu tasten ist. Er war offenbar in Rage. Aber so richtig.

„Die hat ihren Nintendo echt draußen im Regen gelassen!"

Oh.

„Seit drei Tagen!"

Oha.

„Der ist jetzt hin!"

Kacke.

„Der hab ich erstmal das Wort zum Sonntag erzählt!"

WAS? Meinem Baby? Verrückt geworden? Aber gut.

„Nur, dass du schon mal Bescheid weißt. Ich bin dann draußen noch am Pflastern, okay?"

Ich kam nach Hause und ging in unsere Küche, um eine Kürbissuppe zu kochen. Hebammen lieben ja Suppen.

Selma kam mir sofort in die Arme gesprungen.

„Heulheulwinselwinsel, weißt du was, Mama? Weinweintränentränen."

Dieser kleine duftende Schatz wusste offenbar wieder ganz genau, dass ich bei diesem Geheule sofort ganz schnell ganz weich wurde.

„Mein Nintendo ... schluchzschluchzanfallanfall ... aus Versehen ... im Regen ... echt Mama ... Versehen! ... heulheulheulheul ... Und jetzt ist er ... flennflennjauljaulheulheul ... KAPUTT ... heulheulheulheul."

Selmas Welt lag in Trümmern. In Trümmern!

„Hm, mein Schatz. Was soll ich dir da sagen?"

„Nix bitte ... Papa hat schon so geschimpft."

Heulheulschluchzschluchz. „Na, dann reicht das ja. Gibt keinen neuen. Strafe genug, oder?", fand ich.

Das große Heulen nahm kein Ende. Ich schloss lieber das Fenster. Das klang ja schon fast nach schwerster Misshandlung hier.

Alexander nahm Selma in den Arm. Er hatte sich das bis dahin ganz interessiert angeguckt. Er setzte das kleine plärrende Häufchen Elend auf die Arbeitsplatte, stand neben ihr, streichelte ihr den Rücken, in der Hoffnung, dass sie sich dann beruhigen würde. Tat sie aber nicht.

Nach zehn Minuten schon fast exorzistischsten Geheuls begann Alexander dann den leider direkt scheiternden Versuch, seine Schwester, die wirklich völlig außer sich war vor Kummer, zu trösten.

„Hm Selma, weißt du? Das ist eine Erfahrung, die man in seinem Leben einfach mal machen muss."

Ich weiß, pädagogisch war meine folgende Reaktion sehr unklug, zumal Selma noch lauter heulte. Aber ich musste losbrüllen vor Lachen. Es ging nicht anders. Alexander ignorierte mein unangemessenes Verhalten und versuchte es weiter.

„Weißt du, Selma? Es kann sein, dass du vielleicht auch noch zu klein für so eine Verantwortung bist."

Das Geheule schwoll wieder an. Mein Gegröle auch.

„Aber", redete Alexander gegen das Gejaule an, „wenn du dich bereit fühlst, kann es sein, dass Mama, Papa und ich dir einen neuen zu Weihnachten schenken, wenn du zehn bist. Guck mal, das ist ja schon nächstes Jahr! Dauert nicht mehr so lange."

„ICH BIN ERST ACHT, ALEXANDER!"

Das Crescendo hatte seinen Höhepunkt erreicht.

„Alter. Echt? Ich dachte immer, du wärst schon neun."

Immer? All die Jahre, oder was?

„Dann ist das echt erst übernächstes Jahr. Oha. So lange noch ... Selma, guck mal, in zwei Jahren schon!"

Mehr fiel Alexander nicht ein zu dem Thema. Und so schleppte er Selma auf seinem Arm ein bisschen durchs Haus.

Bingbingbing. Mein Handy. Was sonst. Eine Schwangere.

„Mein Gynäkologe hat mir eine Einweisung ins Krankenhaus gegeben. Die Geburt soll morgen eingeleitet werden, weil angeblich zu wenig Fruchtwasser da ist. Ich finde das ganz schrecklich."

Oh ja. Das konnte ich sehr gut nachvollziehen. Als Selmas Geburt eingeleitet werden sollte, habe ich ein ähnlich lautes Geheule veranstaltet wie Selma soeben in der Küche. Einleitungen sind wirklich scheußlich. Ganz ehrlich.

Allerdings: Wenn die Schwangere gerade hier bei uns gewesen wäre, dann hätte sie erfahren, was echte Sorgen sein konnten.

Interview mit einer Hebammen-Freundin

Janine, du weißt ja. Neues Buch und so. Hebamme backstage. Die hat ja auch Freundinnen. Wie findest du das, mit einer Hebamme befreundet zu sein?

Wunderbar. Mit einer Hebamme befreundet zu sein, ist ein bisschen, wie von Wasser besoffen zu werden. Man weiß nie, was als Nächstes kommt. Man sollte auf jeden Fall eine ordentliche Portion Spontaneität mitbringen und sich auch auf die eine oder andere Verspätung oder vergessene Sache einstellen. Hat natürlich mit dem hohen Stresslevel zu tun ... Aber das Gute ist, man muss sich eigentlich nicht mehr um seine eigene Gesundheit kümmern. Das wird dann schon übernommen und blöde Ess- bzw. Trinkgewohnheiten werden verbannt. Das wiederum kann man positiv als auch negativ sehen.

Arztbesuche kann man sich zum Glück auch meistens sparen, es gibt immer ein paar homöopathische Mittelchen oder sehr ekelhafte Tees, die helfen. Die richtige Diagnose bekommt man sowieso noch vor dem Arztbesuch, also wozu der Stress? Im Großen und Ganzen ist es also eine coole Sache, mit einer solch lebensbejahenden und fröhlichen Person befreundet zu sein, und ich bin dankbar dafür.

Danke Janine. Und denk dran: Keine Cola mehr. Ist schlecht für dich. Mir könntest du aber mal eben eine geben. Ich hab ja nichts.

Sport

Die Hebamme an sich macht höchst ungern richtigen Sport. Sie macht lieber Yoga. Oder Pilates. Oder sie geht schwimmen. Vielleicht geht sie auch mal wandern. Dann allerdings ausdauernd. Sagt man ja oft.

Janine und ich haben uns in meinem Geburtsvorbereitungskurs kennengelernt. Ich die Hebamme, sie die werdende Mama.

Und nun, wo ihr Sohn schon fast ein Jahr alt ist, gehen wir regelmäßig gemeinsam zum Handballtraining. Aktuell ist es so: Ich trainiere, und Janine guckt zu. Die hat nämlich einen Kreuzbandriss.

Sie hat sich den in so einer unspektakulären Art und Weise zugezogen, dass es fast peinlich ist. ICH an ihrer Stelle würde niemandem erzählen, dass das bei einer Stabilitätsübung passiert ist. Ich meine, da könnte sie auch gleich erzählen, sie sei unglücklich vom Klo gefallen.

Also, ich glaube, ich würde von einem harten Fight auf dem Feld während eines fetten, wichtigen Punktspiels berichten, von einem superkrassen Foul, einer roten Karte und davon, dass man von Glück reden kann, dass alle Beteiligten noch am Leben sind. Ja, so würde ich das machen.

Vom Handballtraining ohne blaue Flecke nach Hause zu kommen, ist wie hungrig nach einem All-you-can-eat zu sein. Das ist meine Einstellung.

Und deshalb durfte ich auch nicht rumheulen, als Janine mir – damals, bevor sie von der Stabilisierungsmatte runtergestolpert war – einen Ball ins Gesicht gepfeffert hat.

Ging auch nicht. Weil ich kopfüber auf der Bank lag. Den K.O.-Punkt am Kinn gibt's wirklich. Das ist kein Mythos. Das weiß ich jetzt.

Parkett in Gefahr

Hebammen sind fast so gelenkig wie Schlangenmenschen, weil sie permanent Yoga machen. Tag und Nacht. Manchmal arbeiten sie, aber meistens machen sie Yoga. Und meditieren. Ja. Und deshalb müssen die sich auch nie zu Physiotherapeuten schleppen. Meint man ja oft.

Als ich von einer Entbindenden fast enthauptet worden war und deshalb bei meiner Freundin Hella, einer begnadeten Physiotherapeutin, auf der Massageliege lag, wusste ich: Yoga wird hier nicht reichen.

In einer Leben schenkenden Frau wüten Kräfte, die man sich nicht ausmalen kann. Wirklich. Kann man nicht. Und wenn man sich dann zur falschen Zeit am falschen Ort befindet, dann kann man während der Geburt in den Schwitzkasten genommen und angebrüllt werden, „sofort, aber SOFORT zu helfen". Während diese Frau also ihrem Baby das Leben schenkte, hauchte mein Nacken seines aus. Hellas Aufgabe war es, ihn zu reanimieren.

Ich kann mich da herrlich bei entspannen.

„Und sonst so? Was machen die Männer, Hella?", fragte ich ächzend, denn Hella macht keine halben Sachen, die greift ordentlich zu.

„Ach, nichts machen die Idioten. Ich bleib Single oder werde lesbisch. Wollen wir vielleicht heiraten?"

„Von mir aus. Aber massier bitte weiter."

„Weißte, was dann cool ist? Wir müssen nicht verhüten. Bei uns wärste dann arbeitslos."

Ja. Klasse.

„Sag mal, Hella. Findest du nicht auch, dass ich einen richtig geilen, knackigen Arsch gekriegt habe?", fragte ich. „Kommt vom Torwarttraining!"

„Ja. Voll gut. Und findest du nicht, dass ich richtig schön fett geworden bin? Kommt von der ganzen unnützen Fresserei."

Die Liege knarzte im Rhythmus von Hellas Massage, mein Nacken erwachte langsam wieder zum Leben und ich ... schlief ein.

FLATSCH ...

Und dann wachte ich wieder auf. Und sah, dass ich durch das Gesichtsloch auf das Parkett gesabbert hatte. Ich hoffte, es würde nicht hochkommen.

Viele Worte – keine Worte

Hebammen gehen die Worte nicht aus. Niemals. Hebammen sind solche Alphatiere, und das auch noch in weiblicher Form, die labern dich in Grund in Boden. Der Tag, an dem Hebammen nichts mehr zu sagen wissen, ist der, an dem ganz schön viele Sargdeckel zuklappen. Sagt man ja oft.

Und ganz oft stimmt das auch: Unsere Küche hat schon viel erlebt. Auch Hebammentreffen. Entweder ist unsere Küche nun taub von den ganzen lautstarken, konstruktiven Unterhaltungen oder aber sie freut sich auf jede weitere Dienstbesprechung, die hier so stattfindet. Weiß man nicht. Hier geht's oft ab. Natürlich bei viel Kaffee und Tee.

„Mir fällt bei dieser Wöchnerin echt langsam nichts mehr ein. Die kommt einfach nicht in den Milcheinschuss, dabei ist das Kind schon eine Woche alt. Alles haben wir versucht, wirklich alles! Was mach ich denn bloß mit der?"

„Das gibt's ja irgendwie immer öfter. Die Frauen machen sich nach der Geburt auch echt immer viel Stress. Dieses ganze Geputze, dann der ganze Besuch, dann passt die Hose noch nicht, und ins Kino wollen die auch schnell wieder. Deine Wöchnerin soll mal ordentlich chillen."

„Ja, und frag sie mal, ob sie wirklich stillen will, beziehungsweise: Für wen will sie das?"

„Ja, echt mal. Das solltest du wirklich machen. Bei mir ist eine Frau mal heulend zusammengebrochen. Die hatte so viel Milch, damit hätte sie die ganze Weltbevölkerung ernähren können. Und nicht nur die Babys. Sondern alle. Alle Menschen! Aber sie wollte einfach nicht und hat das nur für ihre Familie gemacht, weil die gesagt haben, sie muss das machen. Gehört sich ja so. Und so weiter. Was die eben immer alle so sagen. Kennt ihr ja auch alle. Gibst du mir mal den Zucker rüber?"

„Akpunktiere die doch sonst mal. Nach dem und dem Schema. So und so oft. So und so lange."

Also an unserem Küchentisch hätten wir diese Frau zumindest schon mal theoretisch zum Muttermilchlaster hinkriegen können vor lauter Ideen. Wenn sie das gewollt hätte, natürlich.

Tja und dann gibt's Tage, da fällt mir nichts ein. Zu gar nichts. Glaubt man gar nicht. Mir fehlen dann die Worte. Wo sind sie hin? Ich weiß es nicht. Hinfort jedenfalls. Ich hoffe, sie haben kein One-Way-Ticket gebucht.

Dabei muss es gar nicht wirklich um etwas Fachliches gehen. Oft werde ich ja nur nach meiner ganz persönlichen Meinung gefragt, wie etwa:

„Wir haben überlegt, ob wir einen Termin bei Kinderarzt Dr. Soundso machen. Wie findest du den denn so? Kennst du ihn näher? Hättest du ein gutes Gefühl, wenn du zu ihm gingest?"

Wie praktisch, dass viel Kommunikation über E-Mails läuft. Manchmal sitze ich dann nämlich vor Fragen wie dieser und versuche, gedanklich so etwas wie eine kluge Antwort zu formulieren. Müsste ich sofort aufschreiben, was mir an solchen Tagen durch den Kopf geht, würde das so aussehen:

„Also .... ähm .... hm ....
..............................."

Oder so vielleicht:

„Dr. Soundso? Hm ... Also grundsätzlich ... tja, also ... Heißt der nicht Kurt mit Vornamen? Gerade da wäre ich ja vorsichtig ... Wer so heißt ... Also der Kurt, den ich kenne, der ist ja richtig scheiße ... Aber warum eigentlich ... Tja ... Prinzipiell ... Also ... Unterm Strich jetzt gesagt ... Keine Ahnung."

Da geht der Intelligenzquotient so richtig durch mit mir, wie man sieht.

Tja, was man nicht im Kopf hat, kann man nicht in Worte fassen.

Die Hebamme in der Arztpraxis

Die Hebamme geht so gern zum Arzt wie der Schüler zum Direktor. Wenn es gar nicht anders funktioniert und wirklich kein Weg am Arztbesuch vorbeiführt, dann beschreitet sie diesen Weg mit geballter Verachtung gegenüber der Schulmedizin und zieht diese Einstellung auch unbelehrbar durch. Kein Funken der emotionalen Regung ist ihr zu entlocken. Nicht ein einziger Glühwürmchenfunken. Nichts. Die Hebamme ist da knallhart. Denkt man ja oft.

„Machen Sie doch bitte einmal den Arm frei. Ich nehme Ihnen jetzt etwas Blut ab. Gibt einen kleinen Pieks, und dann ist auch alles gleich vorbei."

„Vorbei" ist ja immer ein gutes Stichwort. Ich spüre dann meist schon, wie das Leben aus mir herauspulsiert, auf Nimmerwiedersehen, und wie es dann wirklich zwangsläufig bald vorbei mit mir sein würde. Vorbei sein MUSS quasi.

Vorbei ist es dann oft zumindest mit meiner Selbstbeherrschung. Ich muss mich spätestens jetzt nämlich entweder schrecklich doll übergeben, oder ich fange an zu heulen, oder ich beginne zu zittern. Im allergünstigsten und harmlosesten Fall schwitze ich nur wie nach der Besteigung des Eiffelturms mit Winterparka im Hochsommer.

Ich habe diese Dramatik von meinem Vater. Diese Gemeinsamkeit finde ich fast tröstlich. Allerdings irgendwie auch anstrengend.

In einem Fall war's nur das Blutabnehmen, aber eines Tages ging's ans Eingemachte. Das Level für Fortgeschrittene: Eine Bauchspiegelung stand an. Wie ein Damoklesschwert hing die Aussicht auf diesen Eingriff eine sehr lange Zeit über mir, bis ich dann zu dem (allerdings wirklich sehr fähigen und netten) Gynäkologen sagte:

„Wenn, dann jetzt. Nächstes Wochenende will ich ins Handballtrainingslager."

Und wie es sich gehört, musste ich mich zum Aufklärungsgespräch in die Klinik begeben. In meiner Ausbildung hatte ich schon viele Bauchspiegelungen gesehen, und ich selbst hatte auch schon mehrere erhalten. Dennoch. Die Bürokratie ist unerbittlich, zumindest in Deutschland, und so ging ich zu Frau Dr. Kaiser.

Die bereits etwas ältere Gynäkologin saß chillig an ihrem Schreibtisch. So richtig viel los war wohl nicht. Sie blätterte in einer Zeitschrift herum. Ihre Tür stand offen, deshalb konnte ich das sehen.

Klopfklopf.

„Äh ... Guten Tag ... Sind Sie Frau Dr. Kaiser?", fragte ich.

Sie guckte mich freundlich an.

„Ja, die bin ich. Und Sie sind?"

„Anna-Maria Held. Ich muss zum Aufklärungsgespräch mit Ihnen."

„Jetzt? Ja, dann kommse mal rein."

Ich saß auf einem Stuhl ihr gegenüber. Mein Herz schlug so laut, dass ich mich wirklich wundern musste, dass nur ich das zu hören schien. Diesen ganzen Kram immer und immer wieder zu erzählen, damit beginnt mein Problem ja meistens schon. Zum Glück bin ich ziemlich groß. Der wirksamste Selbstschutz ist es, sich aufrecht hinzustellen oder hinzusetzen und sich damit unangreifbar und unbesiegbar zu machen.

„Was soll denn bei Ihnen gemacht werden?"

Es stand ja groß und deutlich auf meiner Akte, die vor ihr lag. Vielleicht musste sie das fragen, um sicherzugehen, dass es sich um die richtige Form des Eingriffes handelte. Nicht, dass man mir versehentlich eine Niere entnehmen würde. Oder einen Hoden.

„Eine Bauchspiegelung."

„Aha ... Und warum DAS?"

Irgendwie wirkte sie auf einmal nicht mehr so freundlich. Es stand doch alles da! Alles! Alles! Alles!

Unklare Bauchschmerzen, Zykluskrams seit letzter Operation, stand ja auch alles da, und so weiter und so weiter. Pille als versuchsweise Alternative zur OP genommen und so weiter und so weiter, hat aber nicht geholfen, vielleicht Endometriose, vielleicht Verwachsungen, deshalb Bauchspiegelung, damit man gucken kann. Fertig.

Dann kam die Aufklärung zur Bauchspiegelung, die ich mittlerweile schon auswendig kannte. Vorgehensweise. Risiken. Gefahren.

„Sind Sie immer noch einverstanden mit dem Eingriff? Dann unterschreiben Sie bitte hier bei dem Kreuzchen."

Wie für Doofe. Jedes Mal.

„Sie hatten eine Eileiterschwangerschaft im letzten Jahr?"

Auch das stand in der Akte.

„Ja."

Das war noch immer ein wunder Punkt in meinem Leben. Ein wirklich sehr wunder Punkt.

„Welche Seite denn?"

Guck in die Akte! Meine Fresse. Es steht drin.

„Links."

„Aha ... Hmhm ... Ja. Tja. Hm. Und sonst so? Haben Sie ansonsten schon mal einen Schwangerschaftsabbruch durchführen lassen? Weitere Fehlgeburten gehabt?", fragte sie. Ich setzte mich wieder etwas gerader hin.

„Nein. Zum Glück nicht."

„Aha. Hmhm. Ja. Anderweitige Geburten? Haben Sie überhaupt Kinder gekriegt?"

Rhetorisch haben viele Gynäkologen echt einiges gemeinsam. Nichts drauf nämlich.

„Ja. Zum Glück, ja. Zwei Kinder, spontan entbunden, beide gesund, soundso alt."

„Aha. Hmhm. Ja. Verstehe. Ihre Familienplanung ist abgeschlossen?"

„Also. Schon. Ja."

Frau Dr. Kaiser sah mich wieder an. Das Licht in diesem Untersuchungszimmer flackerte etwas. Neonleuchtröhren haben ja so schon nur geringes Gemütlichkeitspotenzial. Und dann Flackern. Nichts für Epileptiker. Zum Glück bin ich keiner.

„Und durch so 'ne Bauchspiegelung meint Ihr Gynäkologe, dass Ihre Beschwerden besser werden? Was erhofft er sich denn da zu sehen?", fragte sie.

„Naja, wie ich schon gesagt habe. Entweder Verwachsungen oder Endometriose. Verwachsungen wären ja jetzt auch nicht so unwahrscheinlich, bei der Anzahl an Bauchspiegelungen."

Sie lehnte sich mit verschränkten Armen auf den Schreibtisch. Auf die schützende Barriere zwischen uns. Und ich setzte mich noch mal etwas gerader hin.

„Er macht das schon, irgendwas wird er sich ja dabei gedacht haben. Aber wenn Sie Endometriose haben, dann ist das mit der Pille auch nichts mehr, wissen Sie, ja?"

Nein, wusste ich nicht. Ich schüttelte den Kopf.

Frau Dr. Kaiser lehnte sich noch weiter vor.

„Endometriose würde eine Hormontherapie bedeuten, die Sie innerhalb kürzester Zeit in die Wechseljahre katapultiert. Schön ist das nicht, das sage ich Ihnen gleich. Da wird's Ihnen nicht gut gehen. Gar nicht gut! Das dauert dann bestimmt mindestens ein halbes Jahr. Je nachdem. Dass Sie das bloß schon mal wissen."

Sie predigte mir dieses Szenario wie ein katholischer Priester, der seiner unartigen Gemeinde mit dem Fegefeuer droht.

Warum sagte sie so was? Wechseljahre ... Schweißausbrüche ... Emotionale Schwankungen ... Osteoporose ... Unelastischer Gang ... Herbst des Lebens ... Nach Herbst kommt auch immer schnell Winter ...

„Ich bin froh, dass ich die Wahl habe, das selbst zu entscheiden oder das auszusitzen", versuchte ich mit einigermaßen fester Stimme zu sagen. „Bei einer Endometriose geht's ja nicht um Leben und Tod. Nur um Schmerz oder nicht Schmerz."

Frau Dr. Kaiser grinste.

„Was machen Sie beruflich?"

„Ich bin Hebamme."

„Hebamme. Ja. Verstehe. Hmhm. Aha."

Ich fragte mich, was genau sie da verstanden haben wollte. Nicht so viel, vermutlich.

Keine Ahnung, wie sie das machte, aber Frau Dr. Kaiser kam noch dichter über den Schreibtisch gekrochen.

„Schon mal drüber nachgedacht, sich aufgrund Ihrer Beschwerden die Gebärmutter komplett entfernen zu lassen?"

„Nein. Da möchte ich auch nicht drüber nachdenken. Nicht in meinem Alter."

„Warum nicht? Die Lebensqualität können Sie sich gar nicht vorstellen. Und viel billiger ist es auch! Keine Tampons, nichts mehr! Kein Warten auf die Blutung. Überlegen Sie sich das."

Hatte sie meine Gebärmutter schon jemandem als Spenderorgan versprochen, oder was?

Ich wurde immer kleiner in meinem Stuhl, und Frau Dr. Kaiser lehnte sich schon so sehr über ihren Schreibtisch, dass ich fast ihren Atem riechen konnte. Und sie sah, dass ich auf einmal anfangen musste zu heulen.

„Was haben Sie denn jetzt?", fragte sie mich.

Ich dachte an meine Handballmädels. Die hätten auf diese Frage folgende Gegenfrage parat gehabt:

„Alter, bist du behindert, oder was?"

Rhetorisch wäre mir das aber zu gewagt gewesen.

„Ich fühle mich gerade sehr von Ihnen bedroht", heulte ich und musste vor Aufregung schon fast würgen. Es drehte sich alles bereits etwas.

Frau Dr. Kaiser grinste ungläubig in ihrem weißen Kittel.

„Warum DAS denn? Die Gebärmutter ist doch nur ein Fruchthalter! Was wollen Sie denn damit?"

„Es ist aber meiner, oder?"

Was würde sie als Nächstes vorschlagen? Vielleicht so was wie:

„Schon mal drüber nachgedacht, sich die Brüste abnehmen zu lassen? Sie stillen ja niemanden mehr. Und ohne Brust kein Brustkrebs, ist das nicht super? Und außerdem: Auf der Waage macht sich das dann auch positiv bemerkbar. Hm? Hm? Hm?"

„Jetzt sagen Sie mir nicht, dass eine Gebärmutter für Sie das Frausein ausmacht."

„Doch. Macht es aber", heulte ich. Ich würde mich nicht mehr zurück in den Griff kriegen.

Sie kam noch näher und saß fast auf meinem Schoß.

„Wenn Sie das denken, dann haben wir aber verdammt wenig Frauen auf der Erde."

Mir fiel dazu nichts ein. Ich hätte auch wenig sagen können, mir lief nämlich mittlerweile der Schnodder aus der Nase.

„Ich glaube, Sie haben echt ein psychisches Problem", schloss Frau Dr. Kaiser.

„Ich glaube, ich brauche ein Taschentuch", antwortete ich, nachdem ich einmal schlimm hochziehen musste. Ging leider nicht anders. Hier hatte ich sowieso gar nichts mehr zu verlieren. War ja schon alles weg. Selbstbeherrschung. Lebensfreude. Alles. Gebärmutter und Brüste ja dann wahrscheinlich auch bald.

„Ich müsste Sie dann noch mal untersuchen", fuhr Frau Dr. Kaiser fort.

Der Stuhl des Grauens wartete schon auf mich. Untenrum frei machen … Immer das Gleiche. Furchtbarfurchtbarfurchbar. Spatengroße Spekula lagen bereit.

„Ich sag's Ihnen gleich. Ich bin sehr empfindlich, ich ertrage nichts und ich veranstalte ein großes Gezeter", informierte ich Frau Dr. Kaiser. Sie nahm dann Spekula aus der Schublade, die in etwa ein Zehntel so groß waren wie die anderen. Das wäre ja was geworden …

„Kommen Sie noch mal zehn Meter weiter runter von Ihrem Sitz geklettert", forderte sie mich auf, bevor sie mit der Ultraschalluntersuchung begann.

Fünf Minuten einer solchen Untersuchung bescheren mir immer einen Ganzkörpermuskelkater wie ein zweistündiges Handballtraining. Jeder Muskel meines Körpers ist dann angespannt, wie er nur angespannt sein kann.

„Oh, Ihre Epinaht sieht aber nicht so schön aus", eröffnete mir die Gynäkologin.

Hallo? Da hatte acht Jahre lang kein Mensch auch nur irgendein Wort drüber verloren.

„Da könnte man noch mal mit einem kleinen Schnitt was korrigieren", fuhr sie fort. „Denn die sieht ja wirklich überhaupt nicht schön aus."

„Nein, danke", flüsterte ich und zog mich wieder an. Leise und bockig vor mich hinheulend natürlich. Meine Güte, was war das denn bloß für eine … emotional behinderte Kuh.

„Sie haben sich ja heute ganz schön viel von mir anhören müssen", sagte Frau Dr. Kaiser dann zum Ende des Gesprächs.

„Ja. Mehr als ein normaler Mensch ertragen kann. Reicht für heute."

Sie gab mir die Hand. Immer noch grinsend.

„Wir sehen uns Montag zur OP."

„Wenn wir uns sehen, dann sagen Sie aber bitte nichts. Ich ertrage nichts mehr. Wiedersehen."

Der erste Schritt aus der Klinik war der in mein Bett. Wie ich dahingekommen war, weiß ich auch nicht mehr. Aber ich schlief durch bis zum nächsten Morgen. Und mein Handy war voller Nachrichten.

Smartphone – eine einzige Provokation

Nichts ist der Hebamme so sehr ein Dorn im Auge wie der technische Fortschritt. CTGs, Ultraschallgeräte, das alles sind schon fast unhinnehmbare Dinge für sie. Und die Erfindung des Smartphones? Das i-Tüpfelchen auf dem Wort „Teufel". Also, wenn ein „i" darin enthalten wäre. Sagt man ja oft.

Was ich ab und an so richtig, richtig gut kann, ist minütlich auf mein Smartphone zu glotzen.

„Hat Hella schon geschrieben?"

Nicht, dass ich da auf eine bestimmte Nachricht warten würde. Einfach nur so.

„Hat sie jetzt vielleicht? Immer noch nicht? Lennert wenigstens? Wobei, der schreibt ja fast nie. Was auch? Den sehe ich ja nachher zum Glück wieder. Sergej vielleicht? Nicoletta? Auch nicht? Hat die heute etwa keinen Stress mit ihrem Freund? Kann ich mir nicht vorstellen ... Alter, was ist los mit den Kommunikationsmuffeln ..."

Es liegt dann da. Mein Smartphone. Extra in einer blickdichten Hülle. Und extra mit ausgestelltem Klingelton.

Aber es liegt eben dort. Es will mich provozieren! Mich fertig machen! Mich um meine Prinzipien bringen!

„Guck auf mein Display! Los, komm schon! Es tut nicht weh! Ein kleiner Blick nur!", flüstert es. Wie ich es manchmal dafür hasse! Suchtberatung. Ich sag's ja. Da muss ich mal hin.

Und dann endlich. Bingbingbing. Anfrage einer Schwangeren. Ob ich noch wen aufnehmen würde. Gott sei Dank, ich habe einen Grund, das Smartphone in die Hände zu nehmen und wild drauflos zu antworten. Ich glaube, ich frage die einfach mal noch ein paar Sachen, dann antwortet sie mir und ich kann noch mal was schreiben.

Irgendwie ist es immer das Gleiche. Es gibt Zeiten, da überlege ich mir, wie schön es wäre, für ein Jahr eine berufliche Auszeit zu nehmen, keine Fragen beantworten zu müssen und sich vor allem von seinem blöden Smartphone nicht versklaven zu lassen.

Aber wenn mal ein Tag lang nichts zu tun ist ... Oder sagen wir mal zwei.

Dann halte ich es nicht mehr aus.

Unaushaltbar tolerant

Die Hebamme an sich ist ja die Toleranz in Person. Jeder trifft seine Entscheidung, wie er das für richtig hält, sagt sie. Reinreden? Nein. Das macht die Hebamme nicht. Meint man oft.

Unsere langjährigen Freunde haben sich kürzlich getrennt. Nach gefühlten 500 Jahren Ehe. Die Trennung war, von außen betrachtet, keine hochdramatische oder besonders hässliche. Ich meine, schön ist so was ja nie, aber die hier, die hätte echt schlimmer abgehen können.

Für Lennert und mich war das aber einschneidend. Na gut, für mich geschlechtsbedingt natürlich mehr als für Lennert. Für Lennert ist es eher eine Katastrophe, wenn sein Sägeblatt bereits nach fünf geschnittenen Pflastersteinen nicht mehr scharf ist oder wenn ich ihm Fisch serviere oder wenn ich ihn nachts wecke und ihm sage, dass wir eine Mücke im Zimmer haben und ich aber nicht weiß, wo jetzt genau. Diese Trennung war jedenfalls für mich mit das Schlimmste der letzten Jahre. Eine Institution war zerbrochen und ich fragte mich, woran wir nun noch glauben konnten, wenn schon nicht mehr daran.

In einem Anflug von Dramatik saß ich eines Abends flennend über mein Smartphone gebeugt. Ich heulte mir die Augen aus dem Kopf und konnte mich gar nicht mehr beruhigen!

„BITTE VERTRAGT EUCH! ICH HALTE DAS NICHT AUS! ES IST SO SCHRECKLICH ALLES!", schrieb ich. Ja, ich war absolut dazu bereit, diese Trennung zu verbieten, obwohl ich alle Argumente gut nachvollziehen konnte. Trotzdem.

Bingbingbing. Oh. Dienstlich.

„Guten Tag. Wir haben uns für Ihren Geburtsvorbereitungskurs angemeldet. Findet er denn morgen wie geplant statt? Ich wollte lieber noch mal nachfragen."

Wenn dieses Paar gewusst hätte, dass ich erstmal mein vollgerotztes und vollgeheultes Display freiwischen musste, bevor ich antworten konnte …

„Guten Abend", schrieb ich zurück. „Der Kurs findet natürlich morgen statt und ich freue mich schon sehr darauf, Sie kennenzulernen. Einen schönen Abend wünscht Ihnen Anna-Maria Held."

Mein Herz schrie, dass ich Folgendes hätte schreiben sollen: „Wenn ich mich bis morgen noch nicht erhängt habe, weil eine Symbiose sich ohne meine Erlaubnis getrennt hat, dann kann es gut sein, dass der Kurs stattfindet. Erwarten Sie aber nichts. Ich komme mit langer Fresse und in Schwarz."

The next generation – und deren Lebenstipps

Was eine Hebamme in ihrem Leben einmal gelernt und für gut befunden hat, behält sie bei, weil sie damit gut gefahren ist. Es gibt keinen Grund, sich mit einer Thematik unter aktuellen Gesichtspunkten neu auseinanderzusetzen. Wozu auch? Höchstens, um zu finden: „So ein neumoderner Quatsch." Denkt man ja oft, dass die Hebamme das so sieht.

Mit 19 lernte ich Gregor kennen. Gregor war da zwei Jahre alt, hatte transparent-blonde Haare und sein Gesicht bestand nur aus zwei riesigen blauen Augen, mit denen er alles entweder sehr fasziniert, sehr angeekelt oder sehr entsetzt beguckte.

Gregor sprach ziemlich wenig und war keiner von den nervigen Zweijährigen, die auf Teenager eine abschreckende und empfängnisverhütende Wirkung haben.

Ich schleppte Gregor sehr gern auf meinem Arm herum, der wog ja irgendwie auch nichts. Gregor hätte mich gern geheiratet, allerdings war ich da schon mit Lennert zusammen. Und dem hatte ich es als Erstes versprochen, seine Frau zu werden. Als ich Gregor das mitteilte, war ich für ihn erstmal gestorben. Fand ich schade. Aber was sollte ich da machen.

So ganz voneinander losgekommen sind Gregor und ich allerdings nie. Als er 17 war, passte er das letzte Mal auf meinen Arm, und ab dann nahm Gregor in sehr kurzer Zeit sehr viel Muskelmasse zu, weil er seine Liebe für CrossFit entdeckt hatte. Eine Extremsportart für Fanatiker. Für Menschen, die auf Schmerzen stehen, und für solche, mit denen irgendwas nicht stimmt. Wenn man mich fragt.

Die schlimmste Beleidigung, die man Gregor an den Kopf schmeißen kann, ist, wenn man ihn fragt: „Hast du abgenommen?" Oder wenn man ihm sagt, er möge seinen „schlaffen, kraftlosen, ausgemergelten Arsch hierherbewegen."

Wenn ich Hausbesuche mache, schalte ich mein Smartphone stumm. Und wenn ich auf dem Weg zum Auto einen Blick drauf werfe, kann es sein, dass ich folgende Nachricht von Gregor lese, nachdem ich wochenlang kein Wort von ihm gehört habe:

„Held?"

Kein „Hallo", kein „Guten Morgen", kein „Wie geht es dir?" Nein. Nichts. Gregor ist ein kleiner Weiberheld, der ist also meist schwer beschäftigt.

Und so geht die Unterhaltung dann manchmal weiter.

Ich: „Was?"

Gregor: „Was gibt's denn heute zu Mittag bei euch?"

„Gulasch. Warum?"

„Ich hasse Gulasch! Kannst du nicht lieber noch mal den geilen Kram mit der Hähnchenbrust und dem Schinken machen? Wir können ja vorher zusammen einkaufen gehen."

„Waren wir denn für heute verabredet?"

„Jetzt sind wir es."

„Ja. Okay. Machen wir so."

„Kannst du genug machen, dass ich noch zwei Portionen für heute Abend mit nach Hause nehmen kann? Ich kriege heute noch Besuch."

Oh là-là ...

„Jawoll."

„Könntest du mich dann jetzt abholen? Mich und meine Bettwäsche? Können wir die noch kurz bei dir waschen und in den Trockner schmeißen?"

WIR vor allem. Gregor schafft's ja noch nicht mal, den Tisch mit abzuräumen.

„Gern."

„Und mein Rücken ist komplett im Arsch. Ich hab nachher noch Fußballtraining. Kannst du mir den Rücken tapen?"

„Ja."

„Mein Fußballtraining beginnt um 16 Uhr. Kannst du mich da hinfahren?"

„Ja. Auch das."

Gregor ist wie ein Schmetterling. Er fliegt von Blüte von Blüte, nimmt sich hier was, nimmt sich da was ... Aus unserem Kühlschrank nimmt er sich so gut wie alles. Sich einen Gregor dauerhaft zu halten wäre für mich ein finanzieller Ruin. Aber was soll ich machen: Ich mag ihn.

Neulich habe ich von ihm den ultimativen Flirttipp bekommen. Nicht, dass ich ihn bräuchte. Eine „echt extrem geile Frau" habe er kennengelernt. Mit Mädels in seinem Alter könne er immer wenig anfangen, sagt Gregor. Und die sei auch wieder etwas älter.

„Wie alt? 45?"

Ich kann mich über meine eigenen Witze auf Gregors Kosten stundenlang ausschütten vor Lachen. Mein Humor ist allerdings leider sehr häufig eine Einbahnstraße. Gregor hat dann immer nur einen sparsamen, entsetzten, verachtenden Blick für mich übrig. Das macht's irgendwie NOCH witziger.

Ich habe ein einziges Mal den Fehler gemacht, einen Telefonanruf entgegenzunehmen, während Gregor bei uns zu Hause war. Eine Schwangere war da auf der Suche nach einer Hebamme, und das war der allererste Kontakt zwischen uns. Es war mir nicht möglich, während des Gesprächs ernst zu bleiben und mich vernünftig zu konzentrieren, weil Gregors irrer Blick an mir haftete. Weil wir hier aber so einen krassen Hebammenmangel haben und die Frau wohl keine andere gefunden hat, hat sie sich dann doch für mich entschieden. Trotz des schlimmen Gegackers.

Wenn ich also mal nicht ans Telefon gehe, kann es sehr gut sein, dass Gregor in unserer Küche sitzt und dass es dann einfach schlauer ist, später zurückzurufen.

„Das Mädel hat mir geschrieben, aber ich kann nicht sehen, was. Ich müsste die Nachricht öffnen! Das stresst mich!", sagte Gregor.

„Dann öffne die Nachricht doch."

Ich empfand das irgendwie nur logisch. Aber ich sollte eines Besseren belehrt werden.

„Bist du völlig irre?"

Gregors Gesicht bestand wieder nur aus Augen. Aufgerissen bis zum Anschlag. Als hätte ich ihm eine Kastration vorgeschlagen.

„Wenn ich die Nachricht öffne, dann sieht die das doch! Da muss ich erstmal zwei Tage ins Land gehen lassen. Mindestens! Das ist ganz wichtig! Sag mal, ist das nicht zu verstehen?"

„Nein. Ich verstehe das nicht, Gregor."

Ich verstand es wirklich nicht.

„Na, wenn die sieht, dass ich ihre Nachricht zu schnell lese, dann weiß sie ja, dass ich an ihr interessiert bin", versuchte Gregor mir zu erklären.

„Und das wäre jetzt schlimm?", fragte ich.

Gregor riss seine Augen noch weiter auf. Sie wurden so riesig, dass sie nur noch einzeln durch die Tür gepasst hätten.

„Auf jeden Fall!"

Ich verstand es immer noch nicht. Und Gregor verstand nicht, dass ich das nicht verstehen konnte. Es sei ganz wichtig, sich rar zu machen, versuchte Gregor noch einmal, mir die Sachlage zu erklären. Man müsse „total busy" wirken. Das mache direkt attraktiver.

„Oder es macht dich zu dem blöden Vollspast, der sich einfach nicht meldet", sagte ich. Das sah Gregor aber nicht so.

Es sei ja so, dass das Mädel zunächst nicht mehr klarkäme vor lauter „Wann schreibt er bloß? Hab ich was Falsches geschrieben? Oh Gott." Als Nächstes käme ein bisschen Wut. Aber bevor die Wut zu schlimm werden würde, käme ja schon Gregors nächste Nachricht (ein paar Tage später) und die Erleichterung, die Glückseligkeit und die Verknalltheit würden überwiegen, und Gregor wäre dann DER Mister Loverlover schlechthin.

Ob ich es jetzt verstanden hätte, wollte Gregor wissen.

„Der Grat zwischen interessantem coolem Typen und absolutem Vollidioten, den man auf den Mond schießen möchte, ist aber nur ein schmaler", fand ich.

„Die Vollidiotengefahr wäre mir an deiner Stelle zu groß. Und das wäre mir viel zu anstrengend. Da wäre ich zu pragmatisch und würde dann direkt denken ‚Okay, dann nicht', weil ich so einen unzuverlässigen Kram nicht brauche. Gut, dass ich doppelt so alt bin wie du. Gut, dass ich mich nie wieder zu verknallen brauche. Und gut, dass du es schon mal absolut niemals wärst. Ganz ehrlich, Gregor. Ich würde da direkt den Freitod wählen, wenn ich an dich geraten würde."

Wir kamen in dem Thema auf keinen gemeinsamen Nenner. Mussten wir ja Gott sei Dank auch nicht.

Unausgesprochener Kram war schon immer mein Problem. Ich dachte immer, nur Frauen machen so einen Blödsinn, aber Männer jetzt neuerdings auch? Der Hammer. Irgendwas irgendwie andeuten, dabei aber das und das meinen, und sich darüber wundern, dass der Andere das nicht rafft. Und am besten noch so richtig beleidigt sein deswegen. Das war noch nie meins.

Mit Andeuten hab ich es nicht so. Diese Kunst beherrsche ich nicht. Das klare, deutliche, gesprochene Wort – das ist schon besser.

Bingbingbing. Mein Handy. Natürlich. Eine Wöchnerin mit ordentlichem Babyblues.

„Ich habe das Gefühl, dass mein Mann mich gar nicht mehr so richtig liebt", schrieb sie. „Ich mache hier alles allein, und er geht zum Fußballspielen. Obwohl er Elternzeit hat. Hast du eine Idee, was ich da machen kann? Du bist doch verheiratet und kannst mir da vielleicht weiterhelfen."

Der hätte ich ja gern mal Gregors Nummer gegeben. Gregor hätte da einen Tipp parat gehabt: „Willst du gelten, mach dich selten."

Das Problem mit dem Sterben

Im Leben einer Hebamme dreht sich alles um den Beginn des Lebens. Wirklich alles. Das Thema Tod hat da wenig Platz. Wozu auch? Denkt man ja oft.

„Sag mal, Alexander, stimmt das, dass wir wirklich alle irgendwann sterben müssen?", brachte Selma eines verregneten Herbsttages das fröhliche Thema auf den Kaffeetisch.

Ich wollte mich mal lieber nicht einschalten, denn die Frage war ja eindeutig an Alexander gerichtet. Da war ich nun aber echt mal so richtig gespannt. Wie ein überspannter Flitzebogen. Lennert war noch bei der Arbeit. Der verpasste hier echt immer die besten Diskussionen!

Alexander kaute erstmal ganz gemütlich zu Ende, sah Selma genau an und überlegte währenddessen, was er darauf antworten würde.

„Ja", lautete dann seine Antwort, auf die Selma mit erschrockenem Augenaufgereiße reagierte.

„Wirklich, Alexander? Und was passiert dann mit uns?"

Ich erinnerte mich auf einmal an das thematisch doch sehr ähnliche Gespräch, das ich mit meinem Vater geführt hatte, als ich etwa zehn Jahre alt gewesen war. Die Vorstellung, dass er eines Tages sterben und ich ihn verlieren würde, war völlig neu für mich. Und schrecklich beängstigend.

„Wenn man stirbt, dann kommt man in den Himmel", hatte er mir damals erklärt. Ich war in Tränen ausgebrochen und ich erinnere mich heute noch genau an den Seelenschmerz, den dieses Thema bei mir verursacht hatte. Meine Eltern. Eines Tages tot. Unakzeptierbar.

„Und wenn ich dich einfach ganz doll festhalte? Dann bleibst du hier", stellte ich mehr fest, als dass ich fragte. Es musste dringend eine Lösung für dieses unerträgliche Problem geben.

Da nahm mein Vater mich lachend ganz fest in den Arm und sagte:

„Mein kleines Spätzchen, das funktioniert leider nicht."

Doch zurück in die Gegenwart, in der ich Alexander antworten hörte:

„Naja, also wenn Osterglöckchen verwelken, dann kommen sie ja meistens auf den Kompost."

Klang ganz unverfänglich. Aber: Wir haben Selma schon immer „unser kleines Glöckchen" genannt, weil sie als Neugeborenes fast nie geschrien hat, wenn sie Hunger hatte. Sie machte nur leise Geräusche. Wie ein kleines, leise läutendes Glöckchen eben. Alexander hatte dann daraus je nach Jahreszeit und Anlass alles Mögliche gemacht: Weihnachtsglöckchen, Schneeglöckchen, Maiglöckchen oder eben Osterglöckchen …

„Auf den Kompost? Da möchte ich nicht hin", sagte Selma.

„Ich glaube, das würde man mit dir auch nicht machen. Man kann es sich aussuchen, was dann ist. Man kann in einem Sarg vergraben werden. Man kann sich aber auch verbrennen lassen. Und die Asche, die dann übrig bleibt, die kommt in eine Urne, und die wird dann auch eingegraben. Im Sarg würde man ganz bleiben. Wie gesagt, Selma. Das kann man sich aussuchen. Am besten schon, bevor man stirbt."

Woher wusste Alexander das alles bloß, meine Güte ... Selma ließ das erstmal auf sich wirken und ging dann spielen.

„Wie ist das bei dir, Mami? Was findest du besser? Ganz in den Sarg oder als Asche in die Urne?"

„Ich möchte jetzt, glaub ich, noch einen Kaffee", antwortete ich. Das Thema war mir etwas zu heiß.

Tja, wie wird das eines Tages wohl sein? Welcher Abgang ist für mich vorgesehen? Ich werde bestimmt total spektakulär sterben. So als krachendes Finale. Ich weiß nicht, warum ich das denke. Aber wahrscheinlich wäre mir alles andere zu langweilig.

Bei einem Lachanfall vielleicht. Das wäre ein lustiger Abschluss. Für mich zumindest.

Ich hoffe nicht beim Sex. Das würde Lennert bestimmt in Verlegenheit bringen. Da würde er sich sicher fragen, ob er was falsch gemacht hat, und das hätte er einfach nicht verdient.

Vielleicht beim Handball, wenn ich so ein Geschoss mal ungünstig im Tor abkriege. Und mich zum Beispiel dran verschlucke. Das würde ganz schön was hermachen. Da müsste dann aber wohl die Urnenvariante her, denn ein Abschied am offenen Sarg wäre unter diesen Voraussetzungen aus rein ästhetischen Gesichtspunkten nicht zu empfehlen.

Bingbingbing. Mein Handy.

„Hallo Anna-Maria! Unser Baby ist heute Morgen geboren worden! Wir sind so glücklich, es war eine tolle Geburt und der bestmögliche Start ins Leben. Wir werden gleich nach Hause gehen. Bis später!"

Ich liebe meinen Beruf. Es ist die lebensbejahendste, lebendigste Arbeit, die ich mir vorstellen kann. Und auch wenn ich eines Tages den megaspektakulärsten Abgang haben werde, soll der, wie gesagt, erst eines Tages stattfinden. Das Leben macht einfach viel zu viel Spaß.

Interview mit einem Hebammen-Ehemann

Und, Lennert? Wie ist es so, mit einer Hebamme verheiratet zu sein?

Was möchtest du denn da jetzt hören?

Naja, erstmal das Wort, das dir sofort dazu einfällt und dann ein paar Sätze noch?

Verrückt.

Hallo? Geht's noch? Also noch mal von vorn: Und Lennert? Wie ist es so, mit einer Hebamme verheiratet zu sein? Wie ist das so mit mir? Hm?

Ach komm, was gibt's da zu sagen? Du bist nachmittags für die Kinder da, das ist praktisch. Und du schüttest mich immer sofort mit allen möglichen Globulis voll, wenn du glaubst, dass ich irgendwas haben könnte. Egal, ob ich will, oder nicht. Man gewöhnt sich an alles.

Weißt du noch, als ich dir eine ganze Flasche Globuli in den Hals geschüttet habe, weil ich dachte, die Tropferspitze wäre noch drauf? War sie aber nicht.

Ja, mein Schatz. Das weiß ich noch.

Die Hebamme und ihr Ehemann

Hebammen sind oft Singles, weil die immer machen, was sie wollen. Sagt man ja oft.

Und deshalb haben die Hebammen, die nicht Single sind, einen Partner, der schon fast eine phlegmatische Geduld an den Tag legen muss. Meint man ja so.

Als ich bei Lennert mit der Idee, Hebamme werden zu wollen, um die Ecke kam, war seine erste Reaktion:

„Das ist so typisch. Kaum läuft's hier mal geregelt, kommst du wieder mit irgendeiner neuen Sache und machst alles kompliziert."

Da hatte er nicht ganz unrecht. Aber wenn ich doch so dringend Hebamme werden wollte? Da konnte ich ja nun auch nichts für.

Wir überlegten uns das gemeinsam sehr gut und sehr genau, denn halb so viel Einkommen wie vorher und vor allem halb so viel Zeit für die Familie wie vorher ... Das war schon keine Entscheidung wie: Ziehe ich heute die Sneakers oder die Pumps an?

Den nächsten Beinaheherzinfarkt verpasste ich meinem absoluten Sicherheitsfanatiker dann, als ich aus der Anstellung in der Klinik in die komplette Freiberuflichkeit gewechselt bin. So richtig planbar war ab da nichts mehr, und schon mal gar nicht das Einkommen.

Ich war trotz meiner beruflichen Selbstverwirklichung natürlich auch in keinster Weise bereit dazu, mich sportlich einzuschränken. Wozu auch? Nein, es kamen weitere Trainingstage hinzu. Mit über 30 muss man auch einfach echt gucken, dass man fit bleibt. Und halbwegs anguckbar.

Es gibt viele Abende, an denen ich mich folgendermaßen aus der Haustür hinausfliegend von meiner Familie verabschiede:

„Tschüß! Ich muss noch zwei Hausbesuche machen. Wird spät!"

Oder: „Tschüß! Ich fahr zum Handballtraining. Und danach fahr ich noch kurz Sergej akupunktieren. Wird sauspät!"

Mit Sergej quatscht es sich aber einfach auch immer zu gut.

Oder: „Tschüß! Ich fahr jetzt zum Kurs! Voll wichtiges Thema heute. Da überzieh ich bestimmt. Wird spät!"

Oder: „Tschüß! Ich bin mit Christiane in der Cocktail-Happy-Hour! So spät wird's nicht! Ich mach dann hier aber nichts mehr." Ich vertrag ja nichts.

Also ich weiß manchmal nicht, wie das mit Lennert so ist. Warum lässt der sich meine Willkür so gefallen? Ist es Liebe? Ist es Resignation?

Das schrecklich viele Geld, das ich als Hebamme verdiene, kann's jedenfalls schon mal nicht sein.

Ach, es ist bestimmt Liebe. Ja. Es wird Liebe sein. Ganz sicher ist es Liebe.

Ich habe täglich mit so vielen Menschen zu tun, bei denen ich oft so viel Lustiges erlebe, dass ich das dann einfach erzählen muss. Ohne die medizinische Schweigepflicht zu verletzen natürlich.

Beim Abendessen oder beim Frühstück oder nachts im Bett muss es raus und ich labere und labere und labere.

Den größten Anteil aller gesprochenen Worte am Tag von uns Vieren zu Hause decke ich ab. Ja. Da bin ich mir sehr sicher, dass das so ist. Schlimm eigentlich, wenn ich mir das so vor Augen halte. Wie leise muss das hier sein, wenn ich unterwegs bin?

Manchmal ist's allerdings auch recht leise, obwohl ich hier bin. Ich bin dann einfach ziemlich kaputt, abgearbeitet, urlaubsreif und fühle mich bereit, in Altersteilzeit oder direkt in Pension zu gehen.

Mein größter Kraftgeber und gleichzeitiger Ruhepol ist Lennert. Wir liegen dann aufeinander auf dem Sofa rum, sagen nichts, spüren den Herzschlag und die Atmung des anderen, und die Welt steht einen Augenblick lang still. Herrlich ist das.

Allerdings bin ich Lennert dann irgendwann zu schwer. Liegt bestimmt am Sport und den ganzen Muskelmassen, die ich so aufbaue.

Bin ich länger als einen halben Tag so leise, schleicht meine Familie um mich herum, als wäre ich eine Zeitbombe, die jederzeit hochgehen könnte.

„Wir waren doch heute aber artig oder?", fragen die Kinder dann.

„Jahaaaaa ..."

„Was ist los mit dir? Du hast noch nicht gelacht heute! Kannst du dich bitte wie immer benehmen? Soll ich mich vor ein fahrendes Auto schmeißen? Erheitert dich das etwas?", bot Lennert mir mal an.

Aber nein. Es ist dann so, wie es ist. Die Hebamme ist dann einfach off oder zumindest im Standbymodus. Es ist ja fast egal, wie man es macht. Irgendwie ist es immer nicht richtig.

Bei den ganzen Terminen und Verpflichtungen, die ich so habe, verliert Lennert öfter mal den Überblick. Und obwohl ich seit Jahr und Tag Freitag abends einen Geburtsvorbereitungskurs habe, fragt Lennert fast jede Woche, kurz bevor es losgeht:

„Heute Abend stand nichts an bei dir, oder?"

„Doch. Heute ist ja Freitag. Da hab ich immer Kurs."

„Echt? Ach so. Ja."

Es ist wirklich fast jede Woche das Gleiche.

Nächstes Jahr wird mein Kurs an einem anderen Tag stattfinden, weil freitags immer Cocktail-Happy-Hour ist und ich bisher nur in den Ferien hin konnte. So geht lösungsorientiert. Lennert wird dann überhaupt GAR nicht mehr klarkommen. Ich freu mich schon drauf. Meine Güte, klingt das versoffen.

Seine komplette Verwirrung wurde mir kürzlich klar, als ich vom Friseur nach Hause kam.

„Mach nicht zu blond, Angel", hatte ich meine Friseurin gebeten. „Lennert macht sonst Theater."

„Ach Bella, keine Sorge, ich finde, das kann aber ruhig ein bisschen blonder werden. So schlimm ist's noch nicht!"

„Du machst das schon, Angel, du bist hier der Boss", sagte ich. Und fürchtete mich bereits.

Als Angel dann die Blondierung ausgewaschen und mein Haar trocken geföhnt hatte, war ich mir sicher, Lennert für diese blonde Katastrophe eine Sexflat schenken zu müssen, damit er nicht völlig ausrasten würde. Und ob ihn die besänftigen könnte, da war ich mir nicht so sicher.

„Und? Wie findste?", fragte ich ihn zu Hause dann todesmutig.

„Ist wieder dunkler geworden, oder? Sieht gut aus!"

Der Funktionstest

Hebammen schaffen es im Kreißsaal, sogar teilweise furios herumtobende Frauen zu loben und anzufeuern. Und glauben selbst an die unschlagbare Wirkung motivierender Formeln. Meint man jedenfalls.

Die Probe aufs Exempel lieferte ein Lungenfunktionstest, der kürzlich bei mir anstand.

„Nehmen Sie doch hier mal in der Kabine Platz", forderte mich die fröhlich gelockte Sprechstundenhilfe auf. Ich stand vor der etwa 20 Quadratzentimeter winzigen Glaskabine wie ein Pferd, das sich nicht auf den Anhänger verladen lassen wollte. Wenn ich gekonnt hätte, hätte ich meine Nüstern aufgebläht, die Ohren angelegt und geschnappt.

Wie auch immer ich das schaffte, ich nahm Platz. Vor mir befand sich eine riesige Apparatur, bestehend aus Schläuchen unterschiedlicher Dicke, Farbe und Länge.

Der Hauptteil dieser Apparatur wurde auf meine Gesichtshöhe eingestellt. Vor mir musste ein Zwerg hier gesessen haben. Bei der Größe der Kabine konnte ich mir auch nichts anderes vorstellen.

Dann klemmte die Sprechstundenhilfe ein Silikonmundstück auf die Vorrichtung vor meinem Gesicht. Ich fragte mich, ob das Einmalsilikonmundstücke waren. Steril verpackt waren die nämlich nicht.

„Nehmen Sie mal das Mundstück komplett in den Mund", flötete die Lockenfrau, während sie mir noch eine Nasenklemme setzte. „Ganz prima machen Sie das."

„Ach komm, du denkst bestimmt ‚Ganz bescheuert siehst du aus!'", dachte ich.

Oh Gott. Ich könnte so einen Job nicht machen. Da bin ich ganz ehrlich. Ich müsste irgendwie bestimmt zumindest grinsen.

Ich fühlte mich, als hätte ich einen Pfannenwender quer im Mund. Riesig war dieses Ding. Die Kabine wurde geschlossen, und die Lockenfrau saß am PC. Über die Lautsprecher sagte sie mir freundlich, was ich nun machen sollte.

„Jetzt atmen Sie erstmal ganz normal ein und aus."

Ich tat wie geheißen und bekam einen Würgereiz. Und sah bestimmt immer noch absolut bekloppt aus. Das muss man echt erstmal machen. Mit so einem fetten Ding im Mund und mit zugehaltener Nase normal rumatmen! Wer kann so was? Ich fand das echt schwierig.

„Ganz prima machen Sie das. Wirklich. Ganz super!"

Jaja.

„Ich schalte jetzt mal einen Widerstand ein. Nicht erschrecken. Normal weiteratmen", sagte die Lockenfrau.

SCHNOCK

Ich konnte nicht mehr einatmen.

„Priiiiiiiiiiima machen Sie das!"

Ich schlug mit der Hand gegen die Wand der Glaskabine.

„Versuchen Sie es einfach noch mal. Sie machen das absolut suuuuuuuuuper."

Der Widerstand löste sich endlich.

„Und noch einmal. Hier kommt er, der Widerstand."

Der beschissene Scheißwiderstand!

SCHNOCK

Ich konnte schon wieder nicht mehr einatmen.

„Gaaaaaaaaaanz toll machen Sie das! Suuuuuuuuuuper!"

Ich schlug schon wieder mit der Hand gegen die Glaskabine.

„Einfach noch mal probieren. Das machen Sie wirklich richtig klasse. Suuuuuuuuuuuuuuuper."

Und der Widerstand löste sich endlich wieder.

„Und nun atmen Sie mal so lange aus, wie es geht. Aus. Aus. Aus. Aus. Aus. Aus."

Es ging schon nicht mehr.

„Aus. Aus. Aus. Aus. Aus. Aus. Aus. Weiter, weiter, weiter. Aus. Aus. Aus. Aus."

Ob ich schon blau angelaufen war?

„Aus. Noch ein bisschen mehr aus. Priiiiiiiiiiiiiiima. Und wieder ein-atmen."

Endlich.

„Und wieder ausatmen. Aus. Aus. Aus. Aus. Aus. Aus. Aus. Aus. Aus."

Es war schon alles ausgeatmet.

„Weiter schön ausatmen. Aus. Aus. Aus. Aus. Aus. Aus."

Es war einfach nicht noch mehr ausatmen möglich. Locke kriegte sich trotzdem gar nicht mehr ein.

„Aus. Aus. Aus. Aus. Priiiiiiiiima. Suuuuuuuuuuper haben Sie das ge-macht."

Jaja.

Die Kabinentür wurde geöffnet, die Nasenklemme entfernt, das Mundstück durfte ich endlich aus meinem Mund nehmen, und währenddessen sabberte und würgte ich alles voll. Ekelhaft.

„Priiiiiiiiiiiiiiimaaaaaa haben Sie das gemacht. Wirklich ganz suuuu-uuuuuuuper."

Würgwürghusthustwürgwürg.

„Richtig priiiiiiiiiimaaaaa."

Wenn Hebammen entbinden

Weil Hebammen ja DIE Experten in Sachen Geburt sind, könnten die ihre eigenen Babys theoretisch auch allein kriegen. Egal wo. Zu Hause. Unter einer Brücke. Im Garten. Auf einer Party. Beim Yoga. Es ist ja immer automatisch eine Hebamme dabei. Voll praktisch. Hebammen schenken also absolut ruhig, beherrscht und cool Leben und sind „Herrin der Lage". Denkt man immer.

Wir machen zur Überprüfung eine kleine Reise in den Hebammen-Backstage-Plus-Bereich. Denn als Selma zur Welt kam, war ich noch keine Hebamme. Wir gehen also ein paar Jahre zurück ... und befinden uns jetzt ...

... vor Dr. Schmidts Sprechzimmer

Jetzt ist unsere Tochter schon zwei Tage überm Termin. Ob sie es Alexander nachmacht und auch noch ewig lange auf sich warten lässt, bis ihr der Sinn danach steht, sich mal blicken zu lassen? Also von MIR können die zwei das nicht haben. Ich an ihrer Stelle könnte es vor lauter Neugier gar nicht abwarten, wie diese Welt so aussieht.

Das müssen echt Lennerts Gene sein. Die „Ooooch joa ... Schauen wir mal ... Heute? Och nöööö ... Morgen ... vielleicht ... Wenn nicht, dann auch später ... Och joa, nö, bloß kein Stress, keine Hektik"-Gene.

Bei Alexander hat mich diese Warterei wirklich wahnsinnig gemacht. Sechs Tage hat er sich Zeit gelassen, bis er dann meinte, die Welt sei nun bereit für ihn.

Hätte ich damals gewusst, wie schmerzhaft die Geburt werden würde, hätte ich locker noch weitere neun Monate Schwangerschaft mit ihm in Kauf genommen. Von daher ist es mir heute ziemlich egal, wann sich unser Baby auf den Weg macht. Solange es ihr gut geht, kann sie gern noch ein Weilchen bleiben.

Außerdem ist heute mein ganz persönliches „Ich bin gern schwanger"-Wetter. Es ist bewölkt, regnet aber nicht, es ist angenehm kühl, und es wird den ganzen Tag so aussehen, als wäre es am frühen Morgen, eben weil es bewölkt ist. Ich liebe dieses Wetter zwischendurch sehr.

Ach, was bin ich ausgeglichen und die Ruhe selbst. Andere Frauen hätten die Geburt schon längst einleiten lassen. Ich nicht. Auch, wenn unsere Tochter wesentlich rabiater in meinem Bauch herumtritt. Bei Alexander wusste ich, dass mir die Tritte fehlen würden, weil die so zart waren. Bei diesem Baby weiß ich: Sein Getrampel wird mir nicht fehlen. Ich habe bestimmt schon schwere innere Verletzungen!

Mal sehen, was Dr. Schmidt gleich sagt. Alexander und Lennert warten im Auto auf mich.

... in Dr. Schmidts Untersuchungszimmer

Dieses Ultraschallgel ist aber echt superkalt heute. Im Winter ist es immer schön warm, weil die Tube mit dem Gel dann auf der Heizung liegt, aber heute ... Naja, was soll's ... Ich werde bald viel Unangenehmeres ertragen müssen.

Dr. Schmidt hat sich, glaube ich, noch nie so lange mit dem Baby auf dem Bildschirm beschäftigt.

„Hm", macht er. Macht er sonst nie. „Hm ... hm ..."

Und schon gar nicht zweimal hintereinander.

„Sie wollen wieder in Eppendorf entbinden?", fragt er mich.

„Ja", antworte ich.

Wenn Stefanie sich schon mit ihrem Rennrad hinpacken und sich die Knochen brechen musste, so dass sie nicht mit zur Entbindung kommen würde, wie sie es eigentlich versprochen hatte, dann soll wenigstens die Klinik eine Konstante darstellen.

„Hm ...", macht er wieder.

Dr. Schmidt ist weder ein „Hm"-Macher noch ein Typ für Smalltalk.

„Also hier ...", fängt er wieder an. Sagt aber nichts weiter. Ich würde am liebsten „Ja? Sprechen Sie ruhig" sagen, aber Herr Dr. Schmidt ist so ein Typ, der schon seine Gründe dafür haben wird, wenn er meint, einen Satz doch nicht zu Ende führen zu müssen. Also warte ich lieber ab. Er wird's mir schon noch sagen.

Und tatsächlich, nach etwa zwei Minuten spricht er weiter.

„Also hier ...", beginnt er noch einmal und zeigt auf eine kleine graue Fläche des Ultraschalls. „Hier weiß ich wirklich nicht, was das sein könnte. Ich weiß es schlichtweg einfach nicht."

Ja, ich so auf Anhieb jetzt auch nicht. Für eine medizinische Konsultation bin ich definitiv die verkehrte Ansprechpartnerin. Das ist ihm hoffentlich klar.

Ich darf mich jedenfalls mit Kleenex vom Gel befreien („Nehmen Sie reichlich!") und gleich wieder in seinem Sprechzimmer Platz nehmen.

... in Dr. Schmidts Sprechzimmer

„Ja also, Frau Held, wie schon gesagt, da war eine kleine graue Fläche, die ich absolut nicht einzuordnen weiß. Daher würde ich vorschlagen, dass Sie sich auf den Weg in die Klinik nach Eppendorf begeben, damit ein Kollege mal draufguckt und dann gegebenenfalls die Geburt einleitet. Wir sind zwei Tage überm Termin, gewinnen können wir jetzt nichts mehr."

Einleiten ... Oh Gott ... nie im Leben ...

Tapfer und gefasst frage ich ihn, was denn dieser Fleck sein KÖNNTE.

„Ich weiß es wirklich nicht. Aber es KÖNNTE ein kleiner Bluterguss sein, der von der Plazenta kommen könnte, falls sie sich jetzt ablösen sollte. Und dann wäre die optimale Versorgung Ihres Kindes nicht mehr gewährleistet. Wie gesagt: KÖNNTE! Muss nicht. Aber das soll der Kollege dort entscheiden. Vielleicht sagt er auch, der Schmidt spinnt, wir warten noch. Habe ich Ihnen das erklären können, ohne dass Ihr Blutdruck jetzt auf 180 ist?"

Eins muss man ihm lassen, er ist wirklich kein Panikmacher. Andere Ärzte hätten vermutlich an Ort und Stelle einen Kaiserschnitt selbst durchgeführt, kann man ja bestimmt super abrechnen. Dr. Schmidt hingegen spricht von KÖNNTE und VIELLEICHT und gibt es zu, wenn er selbst nicht weiter weiß. Dafür mag ich ihn so.

Ich gehe und sehe Dr. Schmidt laut seiner Aussage am Montag wieder, falls es meinem Kind doch noch zu sehr gefallen sollte in meinem Bauch.

... im Auto

Ich fange an zu heulen und erkläre Lennert die Situation.

„Ach, kleine Fee", sagt er und nimmt meine Hand. Ich liebe ihn dafür.

Jetzt geht es auf zu unserer Tagesmutter Gudrun. Alexander wird dort bleiben, hatte sie uns ja angeboten. Lennert ruft sie an und kündigt Alexander an.

Sie ist total aufgeregt: „Echt jetze? Kommtse jetze?"

Ich kann sie auch ohne Telefon bis hierhin hören. Hoffentlich hört Alexander sie nicht. Der kotzt sonst vor Aufregung gleich los. Kann ich jetzt nicht so gebrauchen. Ich glaube, sie freut sich deutlich mehr als ich.

Ich finde es im Moment nur doof ... Ich hatte mir das anders vorgestellt. Entweder, dass die Fruchtblase nachts platzt oder dass die Wehen von allein losgehen und wir dann losfahren würden. Aber so? Und vielleicht auch noch eine Einleitung? So was wollte ich doch nie, nie, nie! Eine Einleitung! Außerdem wollte ich, dass meine Freundin Ruth mich nochmal in den Arm nimmt und mir ein beruhigendes „Wird schon" mit auf den Weg gibt.

Ich heule und höre nicht mehr auf. Alexander trällert: „Brüderchen, komm tanz mit mir" auf seinem Kindersitz und findet sich immer besser, so dass an ein Ende des Tanzes erst mal nicht zu denken ist.

Bei Gudrun hat aber auch dieser Tanz ein Ende, zumindest für uns. Lennert bringt Alexander rein und ich bleibe im Auto, weil ich immer noch heule.

„Alexander! Deine Schwester kommt heute!", ruft Gudrun glücklich.

Alexander kotzt sofort auf die Treppenstufen. Na immerhin nicht im Auto. Mit Alexander wird heute nichts mehr anzufangen sein. Weiß ich jetzt schon. Naja.

Ich fürchte mich sehr. Eine Einleitung ... Lennert steigt wieder ins Auto, hält meine Hand, wir fahren nach Hause und holen noch meinen Koffer für die Klinik. Ich fürchte mich ... Und auf halber Strecke, also nach etwa 20 Kilometern, denke ich an das Stammbuch, das wir vergessen haben, und vor allem an meinen Kajalstift und meine Wimperntusche. Ebenfalls vergessen. Das ist eine Katastrophe. Ernsthaft. Also, wenn jetzt schon alles so läuft, wie ich es nicht geplant habe, dann will ich wenigstens gut dabei aussehen.

Es gibt Momente im Leben, in denen darf man sich alles leisten. Wirklich alles. Das hier ist so einer. Ohne eine Gesichtsregung, die mir verraten könnte, dass Lennert mich für neurotisch und verrückt hält, dreht er um. Weil ich ja so heule.

Nachdem Wimperntusche und Kajal (und Stammbuch) eingepackt sind, geht's wieder los Richtung Klinik. Derselbe Weg, den wir vor knapp drei Jahren schon einmal angetreten haben. Jetzt fängt es an zu regnen. Irgendwie romantisch ...

„Geht's wieder?", fragt Lennert besorgt und guckt mich interessiert und freundlich an. So wenig Worte er in einer solchen Situation auch findet, es sind immer die richtigen. – Seine Blicke und seine Wärme sind noch viel mehr wert als Worte. Ohne ihn würde ich das alles nicht machen wollen.

„Jau, alles bestens", sage ich tapfer. „Und weißt du, was toll ist? Ich sehe tiptop aus! Meine Beine sind epiliert, meine Fuß- und Fingernägel 1A lackiert und ich bin knackebraun. Rein optisch wäre ich also bestens vorbereitet!"

Lennert schaut mich beruhigt an. Und sofort muss ich wieder heulen. Hormone ... Kannste nichts machen ... Wimperntusche trage ich lieber nachher auf. Wenn ich mich wieder eingekriegt habe. Die ist nicht wasserfest. Leider.

9:30 Uhr, Entbindungsstation

Schwester Heike empfängt uns. Sie macht ein gütiges Gesicht wie eine Jugendherbergsmutter. Wir mögen sie auf Anhieb. Geburtsmäßig ist hier allerdings die Hölle los. Die Kreißsäle sind komplett belegt, und der Arzt turnt gerade bei einem Kaiserschnitt herum. Aber ein CTG können wir ja schon mal machen. Wir werden in ein winziges Zimmer gebracht, in dem eine schwangere junge Frau an einem Tropf mit Wehenhemmer hängt. Sie ist in der 32. Woche und eine Geburt wäre jetzt noch viel zu früh.

Ich werde an das CTG angeschlossen. Vermutlich nur, damit Lennert und ich irgendwie beschäftigt werden. Ich habe keine Wehen, das CTG bei Dr. Schmidt war auch ereignislos.

Aber was ist das jetzt? Ich glaube, ich habe doch eine Wehe ... Wie eine Welle überrollt sie mich. Völlig anders als bei Alexander. Und viel besser zu ertragen. Akupunktur sei Dank, würde ich mal sagen.

Insgesamt zeigt dieses CTG drei Wehen an. Im Abstand von jeweils einer halben Stunde. Dann muss ja vielleicht doch nicht eingeleitet werden. Hurra, hurra!

13:00 Uhr, Sprechzimmer Dr. Motombo

Herr Dr. Motombo sieht echt nicht mehr fit aus. Seit 23 Uhr nachts ist er auf den Beinen und hat sieben Kindern auf dem Weg in diese Welt geholfen. Aber er ist unglaublich freundlich.

Auf dem Ultraschall kann er nichts finden, meint aber, Dr. Schmidt sei ein erfahrener Arzt, irgendwas sei da sicher, und wir sollten über eine Einleitung nachdenken. Wir könnten aber bis morgen warten, denn vielleicht würden sich die Wehen häufen und wir bräuchten gar nicht einleiten. Wenn allerdings bis morgen nichts passiert wäre, sollten wir das tun.

Das Blöde wäre bloß, wenn wir bis morgen warten, führe Lennert jetzt nach Hause. Und was, wenn die Wehen dann nachts ganz plötzlich einsetzten? Was, wenn Lennert Alexander nicht mehr rechtzeitig zu Gudrun fahren könnte? Was, wenn ich das ohne ihn durchstehen müsste? Ohne Stefanie, von mir aus. Aber ohne Lennert? Niemals ...

Wir entscheiden uns, heute einmal mit Gel einzuleiten, und wenn es nicht klappt, es dann morgen nochmal zu versuchen.

Oh Gott, mit Gel ... Das Schmerzhafteste überhaupt ... Ich fürchte mich ... Ich wollte doch keine Einleitung, aber jetzt? Ich meine, ich will sie auch jetzt nicht, aber wenn die Versorgung unserer Tochter nicht mehr gewährleistet ist? Und, wie gesagt, wenn Lennert nicht dabei ist? Das stresst mich alles schon wieder total.

Wir gehen erstmal etwas essen. Ich hab echt Kohldampf. Irgendwie glaube ich, dass wir heute doch wieder nach Hause fahren werden, und schlage Lennert vor, dass wir auf dem Heimweg beim Bäcker anhalten und zu Hause erst mal schön Kaffee machen. Bei dem Wetter wird das drinnen im Wohnzimmer richtig schön gemütlich. Dazu werden wir dann schön Michael Bublé mit „Everything" hören, ich freue mich schon jetzt! Schön! Schön! Schön!

In diesem Zimmer, in diesem Bett habe ich Alexander zur Welt gebracht. Ist das merkwürdig, dieses Zimmer in Ruhe betrachten zu können! Ohne Schmerzen zu haben. Hier herrscht eine trügerische Stille, alles ist leise, der Geburtsturm ist erst mal vorbei. Dafür stürmt es draußen wie verrückt, es regnet in Strömen.

„Guck mal, Lennert!", sage ich und nehme ihn in den Arm. „So ein Wetter habe ich mir für diese Geburt immer vorgestellt. Und ich habe das rosa Shirt an! Rosa, für unser kleines Mädchen! Ob das ein Zeichen ist?"

Lennert hält als rationale Jungfrau nichts von Zeichen, Omen und Schicksal, aber weil er weiß, dass ich genau das jetzt nicht hören möchte, sagt er immerhin:

„Vielleicht, wer weiß?"

Ich liebe ihn dafür.

Hebamme Maren nimmt erst mal alle „Personalien" auf. Sie ist freundlich, schielt aber. Ich weiß nicht, wie ich ihr in die Augen sehen soll, aber das werde ich ja nachher auch nicht müssen, da guckt sie dann ganz woanders hin als in mein Gesicht.

Dr. Motombo kommt ins Zimmer, und ich muss mich auf das Entbindungsbett legen, auf die sogenannte Gebärinsel. Super bequem, wenn man keine Wehen hat, stelle ich fest. Bei Alexanders Geburt konnte ich das natürlich nicht so sehen. Aber jetzt nützt mir die Bequemlichkeit des Bettes auch nichts, denn das Gel wird auf meinen Muttermund aufgetragen. Ich springe gleich an die Decke. „AU!" Na, wenn das JETZT schon so losgeht, möchte ich nicht wissen, was mich nachher erwartet.

Ich fürchte mich ... Aber Lennert ist ja da, das tröstet mich. Jetzt muss ich erst mal zwei Stunden liegenbleiben, damit das Gel nicht gleich wieder rausläuft, sondern seine Wirkung tut. Und jetzt, wo es zu spät ist, beginne ich mich, ernsthaft zu fragen, ob wir wirklich den richtigen Entschluss gefasst haben. Aber da gibt es jetzt kein Zurück mehr.

Draußen stürmt und regnet es noch immer wie verrückt. Das sollte wohl so sein.

17:30 Uhr, Wochenbettstation, Kreißsaal

Habe ich geschlafen? Ich weiß es nicht. Jetzt soll ich jedenfalls erst mal aufstehen und auf mein Zimmer gehen. Mir tut unten alles weh. Hebamme Maren meint, da hätte ich wohl irgendwie aufs Gel reagiert. Ich sage ja: Einleitungen sind nicht schön.

Jennifer begrüßt mich im Zimmer:

„Na? Geht's schon los?"

Für sie ist das alles irre spannend, sie hat noch kein Kind, das wird ihre erste Geburt. Sie hat Besuch.

Ich setze mich auf mein Bett, Lennert sitzt neben mir. Wir sagen nichts. Wir sehen uns nur an. Wie kann ein Blick nur so viel Wärme verströmen? Ich bin so froh, dass Lennert da ist.

Ich glaube, das Gel schlägt an, mich überrollt gerade eine Wehe. Alle drei Minuten geht das so. Aber ich muss (und da bin ich megastolz drauf) nicht losschreien.

Maren holt uns in den Kreißsaal, ich komme wieder ans CTG, und es werden wunderschöne Wehen sichtbar. Klasse! Einleitungen sind doch nicht so schlimm, das ist echt auszuhalten! Ich kann dabei zwar nicht lächeln, aber rumschreien muss ich auch nicht. Ach, was werde ich tapfer sein!

Lennert freut sich auch für mich. Und für seine Ohren sicher auch. Wenigstens die sollen heil bleiben, wenn er schon mit lädiertem Fuß mit in die Klinik gekommen ist. Der Arme. Lennert hat sich da Uwes Wagenheber drauffallen lassen. Auf den nackten Fuß auch noch. Sein großer Zeh sieht aus ... Der Zehennagel musste erst mal aufgestochen werden, was nicht so angenehm war. Lennerts andere Zehen hängen aus lauter Solidarität auch platt in der Gegend herum. So wie die Fransen vom Wischmopp.

Ich kläre mit Maren schon mal ab, dass ich gern in die Geburtsbadewanne möchte, damit ich das nicht wieder vergesse. Sie schickt uns aber erst mal spazieren, wir sollen nachher wiederkommen, und dann gucken wir mal, was mit Baden ist.

20:00 Uhr, Spaziergang

Es hat aufgehört zu regnen, und wir können spazieren gehen. Ist DAS romantisch.

Wir laufen um den nahegelegenen See. So langsam setzt die Abenddämmerung ein, es riecht angenehm nach Regen, und ich muss an die Zeit denken, in der Lennert und ich zusammengekommen sind. Da hat es auch viel geregnet. Diese Stunden, die wir hier in der Klinik verbringen, sind mit die romantischsten in meinem Leben. Lennert und ich haben ganz viel Zeit für uns, ohne dass irgendwer von seiner Arbeit anruft, weil zum Beispiel das Papier im Drucker alle ist. Alexander ist versorgt, und unser zweites Kind macht sich langsam auf den Weg.

Und ich muss immer noch nicht rumbrüllen! Ich freue mich sehr.

Zwischendurch muss ich zwar stehenbleiben, wenn eine Wehe kommt, und tief durchatmen – und bestimmt mache ich auch ein blödes Gesicht dabei –, aber ich ertrage das wirklich ganz gut. Da hat sich die Piekserei doch tatsächlich gelohnt.

Ach, was bin ich froh. Ach ist das schön hier draußen. Nur Lennert und ich scheinen unterwegs zu sein. So romantisch, herrlich.

Ich hoffe, Alexander ist artig bei Gudrun. Wobei, jetzt ist er wohl bei Ruth, die sollte ihn abholen. Alexander ist im Moment ein wenig anstrengend, weil er ziemlich bockig ist und bestimmte Dinge einfach nicht einsehen will. Aber im Großen und Ganzen ist er doch recht pflegeleicht und vor allem sehr fürsorglich.

Als ich neulich unter der Dusche stand, hatte Alexander einen Geistesblitz und er eröffnete mir fröhlich:

„Ich stelle Dir den Puster in die Dusche, dann hast Du es schön warm, Mami!"

Ja, das wäre nicht nur warm geworden, sondern verheerend ... Glücklicherweise hatte ich, als wir den Heizlüfter damals aufstellten, gleich geguckt, dass das Kabel nicht so lang ist, dass Unfälle der besonders tragischen Art passieren können.

Als ich unter der Dusche stand, hatte ich das natürlich wieder völlig vergessen und freundete mich mit dem Gedanken an, dass mein

Leben noch vielleicht drei Sekunden dauern würde und ich die sinnvoll nutzen sollte.

Alexander ist echt ein Süßer, trotz aller Deibeligkeiten. Ich frage mich oft, ob man ein zweites Kind genauso lieben kann wie das erste. Ich liebe Alexander so sehr, dass es mich manchmal fast zerreißt. Kann man so viel Liebe ein zweites Mal aufbringen? Geht das überhaupt? Lennert ist sich sicher, dass es geht.

Hui ... die Wehen werden langsam etwas stärker, aber ich bin noch supertapfer. Sie kommen gerade jede Minute.

21:00 Uhr, Kreißsaal

Ich will in die Wanne, damit wir das bloß nachher nicht vergessen. Die Wanne ist riesig. Mein Freund Holger würde FAST reinpassen (das ist der Mann, dessen Schuhe so groß wie Hundekörbchen sind), und ich kann mich komplett darin ausstrecken. Mein Vater würde sich sicherlich halb tot ekeln, weil hier ja schon so viele Frauen drinnen gelegen und ihre Kinder bekommen haben. Aber im Zeitalter von Sagrotan sehe ich das etwas entspannter.

Ist das herrlich ... So schön warm. Und das Wasser nimmt den Schmerz ganz erheblich von mir weg. Hm ... Ich könnte stundenlang hier liegen.

Aber die Wehen werden doch etwas mehr. Mittlerweile bin ich nicht mehr ganz so tapfer, aber zum Rumschreien lasse ich mich noch nicht bewegen. Ach, das Wasser ist so herrlich warm, ich könnte einschlafen ...

22:00 Uhr

„Anna-Maria?"

Huch, wer erschreckt mich da?

„Bist Du müde?", fragt Lennert mich.

„Ja ...", flüstere ich. Mehr geht irgendwie nicht.

Tja, leider ist die Badesession nun beendet, denn ich bin nicht müde, sondern mein Kreislauf ist am Boden. Ich werde damit getröstet, dass ich nachher vielleicht noch mal reinkann.

Maren hat jetzt Feierabend, dafür kommt Hebamme Olga. Sie wirkt auch sehr nett. Jetzt soll ich mich erst mal wieder ins Kreißbett legen, aber die Wehen werden immer doller, ich kann mich überhaupt nicht entspannen. Ich will lieber wieder in die Wanne ...

Die diensthabende Ärztin kommt ins Zimmer.

„Die Wehen sind aber sehr schwach!", dämpft sie die Stimmung. „Das sind Prostagladin-Wehen, die sind schmerzhaft und bringen wenig", erklärt sie mir.

Ja, davon hatte ich gehört ... Aber ich war so guter Hoffnung, dass das alles erträglicher sein würde als bei Alexanders Geburt.

Die Ärztin schlägt mir vor, zwischen den Wehen zu schlafen, damit ich etwas Kraft tanken könne. Sie und Olga würden jetzt erst mal in den OP gehen, da stehe ein Kaiserschnitt an.

Zack, Licht aus, Heia machen. Ich gebe mein Bestes, Lennert hält artig meine Hand und versucht, auch ein wenig auszuruhen.

Im Radio läuft „Shut your eyes" von Snow Patrol. Dann mache ich die Augen mal zu ...

22:10 Uhr

Oh Gott ... Ich verliere leider meine Contenance. Aber ich sehe trotzdem noch super aus dabei. Den Lidstrich habe ich mir vorhin extra noch nachgezogen.

22:11 Uhr

„AAAAAAAAAAAAAAAAAAAAAAAAAAAAAAAAAARRRRRRRRRRRRRR RRRRGGGGGGGGGGGGGHHHHHHHHHHHHHHHHHHHHHHHHHHHH HHHH!"

Im Radio läuft „Love hurts" von Ian O'Brien Docker. Mir tut gerade was ganz Anderes weh ...

22:12 Uhr

„AAAAAAAAAAAAAAAAAAAAAAAAAAAAAAAAAARRRRRRRRRRRR
RRRRRRGGGGGGGGGGGGHHHHHHHHHHHH!"

22:13 Uhr

„ A A A A A A A A A A A A A A A A A A A R R R R R R R R -
GGGGHHHHHHHHHHHHHHHHHHH! NIMM MICH IN DEN ARM! DAS
STRESST MICH!"

Lennert nimmt mich in den Arm.

22:14 Uhr

„ A A A A A A A A A A A A A A A A A A A A A R R R R R R R R R R R -
GGGGGGGGGGGHHHHHHHHHHHHHHHH! MACH ENDLICH WAS! DAS
STRESST MICH SO!"

Lennert will mir den Rücken massieren, so, wie es bei Alexander
auch geholfen hat.

„AAAAAAAAAAARRRRRRRRRGGGGGGGGGGGGHHHHHHHHHHHH!
FASS MICH NICHT AN! WEG DA WEG DA WEG DA!"

Das ist nicht auszuhalten. Lennert springt zur Seite, ich wollte ihn
nicht so anschreien, aber es schreit von ganz allein ...

Im Radio läuft „Ruby" von den Kaiser Chiefs.

22:15 Uhr

„ A A A A A A A A A A A A A A A A A A A R R R R R R R R R R R R -
GGGGGGGGGGHHHHHHHHHHH!"

„Hallo?", sagt da eine Krankenschwester. „Ich bin Schwester Annmarie von Station", stellt sie sich vor.

Unhöflicherweise stelle ich mich nicht vor, sie wird's bestimmt schon
irgendwo gelesen haben, dass ich Frau Held bin. Und dass hier eine
Geburt ansteht, hat sie sicher auch schon gehört.

Sie hängt mich an einen Schmerzmitteltropf. Die Schwester Ann-marie von Station.

„Ich muss aufs Klo", sage ich.

Leider muss Schwester Annmarie von Station mitgehen, weil ich bereits Schmerzmittel bekommen habe. Hui, das merke ich jetzt aber, es dreht sich alles ein bisschen. Aber nur kurz.

Schwester Annmarie von Station steht immer noch neben mir.

„Na? Kommt nichts?", fragt sie.

„Solange Sie hier stehen, nicht. Ich kann mich nicht konzentrieren. Gehen Sie doch bitte kurz raus, ich lauf schon nicht weg. AAAAAAAAAAAAAAAAAAARRRRRRRRRRRRR-GGGGGGGGGGGGHHHHHHHHHHH!"

Das Schmerzmittel bringt nichts. Schwester Annmarie von Station hat Wollsocken an. Mit denen kommt sie direkt wieder reingestiefelt.

„Und? Fertig?", fragt sie.

„Nein, noch nicht."

Schwester Annmarie von Station scheint noch etwas vorzuhaben und sagt, dass ich jetzt doch wieder ins Bett soll, das würde nichts mehr werden.

„Nein!", setze ich mich zur Wehr. Aber es hilft alles nichts. Husch ins Bettchen.

22:20 Uhr

„A A A A A A A A A A A A A A A A A A A A R R R R R R R R R R R R R R R-GGGGGGGGGGGGHHHHHHHHHH!"

„Kinder machen ist angenehmer, 'ne?", fragt Wollsocke.

Ach was? Na hätte ich DAS gewusst! Also echt, ich bin doch keine Zwölfjährige, die nicht weiß, dass Schwangerschaften durch mangelhafte Verhütung entstehen. Und selbst wenn, wie unangebracht ist das denn?

„So eine Klugscheißerin", lässt sich Lennert hinreißen zu sagen, nachdem sie wieder rausgegangen ist. Hihi, er, der immer so höflich ist!

Olga ist wieder da.

„Versuchen Sie mal, nicht so zu schreien, sonst geht der Muttermund nicht auf", sagt sie.

Was, was, was? Stefanie hat mir da aber was ganz anderes erzählt. Das sage ich jetzt aber lieber nicht. Sonst meint Olga vielleicht noch: „Bitte! Dann machen Sie das doch lieber mit Stefanie!" Und da die ja, wie gesagt, mit Beckenbruch zu Hause ist, müsste Lennert dann das Zepter hier in die Hand nehmen, oder besser noch: Schwester Annmarie von Station. Lieber nicht.

Olga geht mit mir noch mal aufs Klo.

„AAAAAAAAAAAAARRRRRRRRRRGGGGGGGGGGGGGGHHHHHHHHH!"

Sie merkt, dass ich ihren Rat mit dem Stillsein nicht beherzigen kann, und bietet mir eine PDA an. Und da ich schon mal dabei bin, all das zu tun, was ich nie wollte, kann ich ja auch gleich konsequenterweise weitermachen.

„Ja,   bitte!",   jammere   ich.   „Bloß   schnell!"
„ A A A A A A A A A A R R R R R R R R R R R -
GGGGGGGGGGGGGHHHHHHHHHHHHH!"

23:00 Uhr

Die Ärztin schaut nach dem Muttermund.

„AAAAAAAAAAAUUUUUUUUUUUUUUUUU, BITTE HÖREN SIE AUF!" schreie ich. Das ist ja superschmerzhaft. Schlimmer als bei Alexander. Fünf Zentimeter. PDA-tauglich.

Im Radio läuft „Everything" von Michael Bublé, mein „Ich will zu Hause Kaffee machen"-Lied. Es hat echt was vom Zuhause-Feeling. Herrlich. Trotz allem.

23:45 Uhr

Der blonde Anästhesist ist da. Ich habe einen Wehenhemmer bekommen. Ist wie kurz vor dem Herzinfarkt. So fühlt sich das also an. Soll ja eine klassische Nebenwirkung sein. Aber keine Wehen mehr. Herrlich. Dann nehme ich den Herzinfarkt gern in Kauf.

Den Narkosearzt kenne ich noch von meiner Weisheitszahn-OP, da hat er meine Narkose auch gemacht. Ich mag ihn. Er ist nicht herzlich, aber irgendwie cool. Er hat bestimmt skandinavische Vorfahren oder fährt ständig mit seiner Familie an die Nordsee.

Nach dem Formularkram geht's gleich los.

„Au! Ich brauche mehr von dem Wehenhemmer, da kommt schon wieder eine! Bloß schnell, bitte, bitte! Ich will nicht querschnittsgelähmt sein!"

Olga spritzt großzügig nach. Mein Herz, oh Gott oh Gott …

Der Anästhesist sprüht meinen Rücken mit Desinfektionsmittel voll. Das tut nicht weh, ist aber auf die Dauer lästig.

„Manno, hören Sie mal auf!", sage ich irgendwann, weil ich das Gefühl habe, er will mich bloß ärgern.

Die Hormone … Lennert soll sich vor mich stellen und mich, wenn ich mich nach vorne beuge, festhalten.

„Au, au, eine Wehe, eine Wehe, stechen Sie bloß noch nicht!", jammere ich.

„Jaja", sagt Blondie lässig. „Können Sie Nadeln sehen? Oder haben Sie Probleme damit?", geht die nächste Frage an Lennert. Der ist ein ganzer Mann, er hat immerhin schon Alexanders Geburt aus allen Perspektiven ertragen. Es gibt also einen kurzen Pieks in den Rücken, so kurz, dass es wirklich überhaupt nicht wehtut. Sagenhaft.

Aber irgendwie wird Lennerts Griff ein wenig lockerer. Ich sage lieber nichts, sonst fühlt er sich vielleicht noch angegriffen.

„Mir wird, glaube ich, ein wenig schlecht", sagt er sehr höflich.

„Los, auf den Boden setzen!", befiehlt Blondie.

„Oh nö, das geht schon! Ich nehme den Stuhl!", antwortet Lennert.

„LOS! AUF DEN BODEN! ICH KANN MICH NICHT UM SIE BEIDE KÜMMERN!" Blondie wird energisch.

Lennert sieht nicht gut aus. Ganz dunkle Schatten um die Augen, weiß wie eine Wand. Olga hält mich nun fest. Mein armer Schatz, hoffentlich geht es ihm gleich besser. Warum ist ihm bloß so schlecht geworden?

So, PDA sitzt. Blondie testet noch ein wenig herum, ist stolz auf seinen geglückten Eingriff und erzählt mir, dass seine Frau Drillinge bekommen hat, aber weil er die PDA nicht selbst gesetzt hatte, saß die auch nicht. Blondie mag sich ziemlich, glaube ich. Er hat's aber auch echt gut gemacht.

Ich merke nichts mehr, alles ist schön taub. Alles wird gut. Ich frage Olga, ob ich während der Austreibungsphase auch so schön schmerzfrei sein werde, und sie sagt, ich werde nur einen Druck spüren und somit wissen, wo ich hinpressen muss.

„Tut nicht weh, nein, nein!"

Herrlich, PDAs sind super. Vielleicht gibt's bei uns dann doch mal ein drittes Kind! So mit PDA? Gleich von vornherein? Jetzt soll ich erst mal versuchen zu schlafen um fit für den Endspurt zu sein. In ca. zweieinhalb Stunden wird die PDA aufhören zu wirken. In der Zeit werde ich ein Wehenmittel bekommen, das hoffentlich den Geburtsverlauf etwas in die Gänge bringt.

Im Radio läuft „What comes around goes around" von Justin Timberlake.

2:00 Uhr

„PIEP PIEP PIEP PIEP!"

Oh Gott, wo bin ich? Bei „Emergency Room"? Was lärmt da so?

Es ist das Überwachungsgerät, an das ich angeschlossen worden bin. Es schlägt Alarm. Kommt gleich jemand mit einem Defibrillator? Laut Anzeige war mein Puls auf unter 40. Naja, das kann wohl schon mal passieren, aber ich lebe doch noch ...

5:00 Uhr

Die PDA hat jetzt erst nachgelassen. Ich spüre einen Druck, dann muss es jetzt gleich so weit sein. Das Schlafen hat gut getan.

Lennert konnte, glaube ich, gar nicht schlafen. Mit dem Kopf auf dem Tisch stelle ich mir das nicht erholsam vor ... Der Arme.

Kaum bin ich wach, ist er zur Stelle.

„Na? Konntest du schlafen?", fragt er mich neidvoll.

Die Ärztin hat sich einen blauen Kittel angezogen.

„Die Wehen sind immer noch erbärmlich!", stellt sie fest. „Wir öffnen gleich mal die Fruchtblase!"

Ich bin ganz entspannt, bis auf den Druck merke ich nichts. Ach, herrlich.

5:15 Uhr

Die Fruchtblase wird geöffnet. Olga und die Ärztin sehen aus, als wäre ein LKW direkt neben ihnen durch eine riesige Pfütze gedonnert.

„Oh Gott! Das tut mir leid!", entschuldige ich mich. Aber da kann ich ja auch nichts zu. Die Blasensprengung war schließlich nicht meine Idee.

Das Baby ist merklich ein ganzes Stück weiter runtergerutscht. Ich soll mich jetzt alle zehn Minuten von einer auf die andere Seite legen, dann wird sie wohl gleich kommen.

5:16 Uhr

Jetzt soll ich mich auf die Seite legen. „AAAAAAAAAAAAAAAAAAAAAAAARRRRRRRR-GGGGGGGGGGGGGGGGHHHHHHHHHHHHHHHHH!"

Oh Gott, was ist das? Schmerzfrei ist aber was Anderes! Ich wurde verarscht!

„AAAAAAAAAAAAAAAAAAAARRRRRRRRRRRRRRRRR-GGGGGGGGGGGGHHHHHHHHHHHHHHHHHHHHHHH! HILFE! WARUM

TUT DAS SO WEH? SIE HABEN GESAGT, ES IST NUR EIN DRUCK!!! OH GOTT! AAAAAAAAAAAAAAAAAAAAARRRRRRRRRRRRRRR-GGGGGGGGGGGGGGGHHHHHHHHHHHHH! AAAAAAAAAAAAAA AAAAAAAAAAAAAAAAAAAAAAAAAAAAAAAAAAAAAAAAAAAA AAAAAAAAAAAAAAAAAAAAAAAAAAAAAAAAAAAAAAARRRR RRRRRRRRRRRRRRGGGGGGGGGGGGGHHHHHHHHHHHHHHHHHH HHHHHHHHHHHH!"

„PRESSEN! LOS! NICHT SCHREIEN!", ruft Olga.

„AAAAAAAAAAAAAAAAAAAAAAAARRRRRRRRRRRRRRRRR-GGGGGGGGGGGHHHHHHHHHHHH! ICH KANN DAS NICHT! SIE IST ZU GROSS! DAS KLAPPT NICHT! AAAAAAAAAAAAAAARRRRRRRRRRRR-GGGGGGGGGGGHHHHHHHHHHHHHHHHHHHH!"

„Sie haben nicht richtig gepresst!", findet Olga.

Stimmt, ich kann nämlich jetzt schon nicht mehr vor lauter Überrumpelung.

„Los, richtig wütend pressen jetzt! Noch drei Mal, dann ist Ihr Kind da!"

Drei Mal noch? Drei? Eine unlösbare Aufgabe liegt vor mir. Ist ihr das klar? Oh Gott, da ist schon wieder eine Wehe ... Ich werde leider nicht sterben, das weiß ich noch von Alexanders Geburt.

„ A A A A A A A A A A A A A A A A A R R R R R R R R R R R R - GGGGGHHHHHHHHHHHHHH! KOMM DA ENDLICH RAUS! AAAAAAAAAAAARRRRRRRRRRRRRRGGGGGHHHHHHHHH!"

„Los, noch mal!"

„ A A A A A A A A A A A A A A A A A A R R R R R R R R R R R R - GGGGGGGHHHHHHHHHHHHH!!! HILFE HILFE! ICH WILL EINEN KAISERSCHNITT! EINE VOLLNARKOSE! BITTE!!! LOS!!!! WIE LANGE MUSS ICH DAS NOCH ERTRAGEN?!?!?! AAAAAAAARRRRRRRRRRHHHHHHHHH HHHHHHHHHHHHHHHHHHHHHHH! KOMM ENDLICH! ICH KANN NICHT MEHR! HILFE! HIIIIIIIIIIILFEEEEEEEEEEEEEEEEEEEEEEEEE!"

„Jetzt mal nicht ausflippen, Frau Held!", ermahnt Olga mich.

Wenn ich rufe „Ich werde ermordet!", ob dann jemand nach dem Rechten sieht und mir eine Vollnarkose verpasst? Ich kann nicht mehr … Lennert guckt mich erschrocken an, ich tue ihm leid, das sehe ich, aber sein Blick gibt mir schon wieder so viel Kraft.

„A A A A A A A A A A A A A A A A R R R R R R R R R R R - GGGGGHHHHHHHHHHHHHHHHHHHHHHHHH!"

„Stecken Sie Ihrer Frau mal den Waschlappen in den Mund!"

Wozu? Damit das SEK nicht hier anrückt und den Kreißsaal stürmt?

„WEG! NICHT MICH ANFASSEN!", schreie ich, als Olga mein Becken berührt. Sofort springt sie zurück.

„Tut mir leid, ich wollte Sie nicht anschreien!", entschuldige ich mich.

Bah. Der Waschlappen sitzt. Olga ist nicht zimperlich. Aber offensichtlich wahnsinnig.

„MMMMMMMMMMMMMMMMMMMMNNNNNNNNNNG- GGGGGGGGGGGHHHHHHHHHHHHHH!"

„Los, noch mal! WÜTEND!"

„MMMMMMMMMMMMMMMMMMMMMMMMMMMMMMMMM MMNNNNNNNNGHHHHHHHHHHHHHHHHHHHHHHHHHHHH HHHHHHHHHHHHHHHHHHHHHHHHH! MMMMMMMMMMMM- NNNNNNNNNGGGGGGGGGGGGGHHHHHHHHHHHHHHHHHHH HHHHHHHHHHHHHHHHHHHHHHHHHHHHHHHHHHHH!"

Ich höre, wie die Ärztin einen Schnitt setzt, und ich spüre, wie das Köpfchen meines Babys, das bei den letzten Presswehen immer wieder zurückgerutscht ist, nun fast geboren ist. Olga nimmt meine Hand. Sie möchte, dass ich das Köpfchen fühle und somit motiviert bin, die Nerven nicht komplett zu verlieren und weiterzumachen.

Ich fühle nichts, aber vielleicht deswegen, weil ich meine Hand sofort zurücknehme. Ich fühle mich nämlich nicht wohl dabei, mich zu befummeln.

Flehend gucke ich Olga an.

„AAAAAAAAAAAAAAAAAARRRRRRRRRRRRRRRRRRRRRRRRRR RRGGGGGH!"

Oh, Waschlappen ist wieder draußen. Das Köpfchen auch, das habe ich bei Alexander nicht gespürt. Warum ziehen sie das Kind nicht raus?

„AAAAAAAAAAAARRRRRRRRRRRRGGGGGGGGGGGHHHHHHHHHHHH HHHHHHHHHHHHHHHHHH! AAAAAAAAAAAAAAAAAAAAAAAAAAAAA AAAAARRRRGHHHH! AAAAAAAAAAAAAAAAAAAAAAAAAAAAAAA AAAAAAAAAAAAAAAAAAAARRRRRRRRRGGGGGGGGGGGHHHHHHHHH HHHHHHHHHHHHHHHHHHHHHHHHHHHHHHH!"

5:51 Uhr

„Uäh, uäh!"

„Ihre Tochter hat ein Grübchen! Eine ganz Hübsche ist sie! Wie soll sie denn heißen?"

„Selma", flüstere ich.

Da liegt unsere Selma – ganz rosig, ganz warm auf meinem Bauch – und sucht sofort nach Milch. Dieses Kind kenne ich doch! Sie sieht bis auf das Grübchen aus wie Alexander. Oh Gott, ist die süß. Und mit einem einzigen Blick auf dieses, UNSER Baby weiß ich: Wir werden sie genauso sehr lieben wie Alexander.

Lennert sieht so fertig aus, als hätte er Selma selbst zur Welt gebracht. Das alles ist einfach nur ein Wunder. Ein zauberhaftes, magisches, wundervolles Wunder.

Der Blick auf die andere Seite

Hebammen stehen mitten im blühenden Leben. Sagt man ja oft.

Mit den Gedanken bin ich oft bei ihr. Und dieses Jahr am Totensonntag werde ich zum zweiten Mal eine Kerze anzünden. Für mein klitzekleines Kind, das nicht zur Welt kommen durfte. Das ich nicht im Arm halten durfte. Von dem ich mich verabschieden musste, direkt nachdem ich erfahren hatte, dass ich seine Mutter werden würde.

Ich hätte nie gedacht, dass ich jemals ein Kind verlieren würde. Wirklich. Niemals hätte ich mit so einer Tragödie gerechnet. Wir hätten auch nie gedacht, dass sich noch ein Baby zu uns auf den Weg machen würde. Unsere Arme wären trotz allem offen für dieses Kind gewesen, aber es kam ja alles anders und hat vor allem meine Welt für eine Zeit wirklich sehr aus dem Takt gebracht.

Dieser Verlust hat mir zum einen viel über mich selbst beigebracht, zum anderen aber auch darüber, was Liebe alles ertragen kann. Und dennoch bleibt ein kleiner Schmerz zurück. Ein kleiner Schmerz, der sich immer wieder in der Frage manifestiert: „Wie wäre es jetzt?"

Ich habe eine Zeitlang gebraucht, um für mich festzustellen, dass ich kein weiteres, „neues" Baby möchte. Ich hätte einfach nur gern das behalten, das wir verloren haben.

Vier Wochen hatte ich nicht gearbeitet. Ich hatte nicht mehr gewusst, ob ich noch Hebamme sein konnte. Ich hatte keine Ahnung gehabt, ob es mir je gelingen würde, meine Traurigkeit vom Glück der Anderen zu trennen. Ich wusste das wirklich nicht.

Und als ich mich dann wieder vor die Tür und zu den Familien getraut hatte, hatte ich gemerkt, dass ich das zum einen doch gut trennen konnte, und zum anderen, dass ich meinen Beruf trotz allem sehr, sehr liebe.

Manchmal wünsche ich mir, ich wäre 60. Dann würde mich kein Mensch mehr fragen: „Und du? Möchtest du denn mal ein drittes?"

Wenn ich mich stark genug fühle, um mir nicht zu wünschen, 60 zu sein, antworte ich im Geiste: „Ich habe ein drittes. In meinem Herzen ist es. Unsichtbar für jeden, aber spürbar für mich." Und die Worte, die ich mich sagen höre, lauten: „Nein. Wir haben zwei Kinder. Das ist alles gut, so wie es ist."

Ich frage mich dann oft, ob ich mein kleines, verlorenes Kind mit dieser Antwort verleugne. Aber meistens komme ich zu dem Schluss, dass ich mich damit selbst schütze, und auch Alexander und Selma. Die es noch immer nicht wissen.

Was wäre es gewesen? Ein Mädchen? Ein Junge? Ich weiß nicht warum, aber ich glaube, es wäre ein Mädchen gewesen.

Es hätte sicher die gleichen schönen Augen wie Alexander und Selma gehabt. Und auch so viele Haare. Es wäre wunderschön gewesen. Hätte nach Liebe, Unschuld und Urvertrauen geduftet. Lennert hätte es genauso zärtlich, väterlich, liebevoll und glücklich angesehen wie unsere anderen beiden. Er hätte es mir genauso zum Stillen gebracht wie Alexander und Selma und gesagt: „Guck! Es schlappt schon." Wie eine kleine Blume in der Sonne.

Wir hätten es genauso liebgehabt wie Selma und Alexander. Es hätte mich sicher auch genauso in den Wahnsinn getrieben mit allen durchgemachten Nächten, vollgekotzten Klamotten, Trotzphasen und und und. Dennoch. Es hätte seinen Platz in dieser Familie gehabt, wäre von Alexander und Selma in die Mitte genommen worden, und es hätte es hier wirklich großartig gehabt.

Ja. Ich bin Mutter von drei Kindern. Alle drei besitzen mein Herz. Aber nur zwei von ihnen sind auch außerhalb meines Herzens zu finden.

Als ein Jahr vergangen war, merkte ich, dass die Traurigkeit entschieden leichter zu ertragen war.

Aber ich träume oft von diesem Baby. Ich träume davon, wie ich es doch eine komplette Schwangerschaft behalten darf und wie ich es dann zur Welt bringe. In meinem Traum liegt es schlafend auf meiner Brust. Ich sehe sein Gesicht meistens nicht. Und kurz bevor ich aufwache, weiß ich, dass ich mich eigentlich verabschieden muss. Und das aber gar nicht möchte.

Ich denke, dieses Baby wird mich in meinen Träumen wahrscheinlich noch so oft besuchen, bis ich eines Tages dazu bereit bin, es wirklich loszulassen.

Es gibt ja Sätze im Leben, die versteht man erst in bestimmten Situationen: „Sieh nicht auf den leeren Platz, sondern schau auf die vollen Plätze."

Ausgerechnet ein Mann sagte mir das. Ja. Damit hatte er durchaus Recht. Ich sehe auf drei volle Kinderplätze in meinem Herzen und das hat etwas Tröstliches.

Danke Sergej.

Interview mit einem Hebammen-Sohn

Na, Alexander? Wie ist es so als Sohn einer Hebamme? Wie findest du das?

Ganz nett.

Nett ist die kleine Schwester von sch..., ähm ... Ach, vergiss es.

Von wem ist das die Schwester? Und wer?

Egal jetzt. Also sag an. Wie ist das so? Und lieg nicht auf dem Rücken, wenn du was isst, du verschluckst dich noch.

Ja also ... Ich finde das ganz gut, weil du nachmittags für uns da bist. Aber manchmal ist das auch ganz schön blöd, weil du manchmal nämlich überhaupt gar nicht für uns da bist.

Hä? Bist du wahnsinnig? Ich bin fast immer für euch da und bekoche euch, wasche eure Wäsche, karre euch überall hin! Wo bin ich denn da bitte nicht da?

Ach Mama. Los, schreib das jetzt einfach auf. Kann ich am Wochenende bei Charly übernachten? Dann überleg ich mir auch eine richtige Antwort.

Nein, das passt dieses Mal nicht so gut. Sorry.

Sorry, dann musst du das jetzt wohl so schreiben.

Die Hebamme in der Schule

Hebammen sind ja so gechillt, auch und gerade mit ihren Kindern, da läuft alles rund. Immer. Rund. Hihi. Denkt man ja immer.

Wir gehen jetzt noch mal in den Hebammen-Backstage-Bereich, gehen in Alexanders Grundschulzeit zurück und befinden uns jetzt, in diesem Augenblick, ...

... vor dem Klassenraum der 1c

Als meine Schwester und ich noch zur Grundschule gingen, gab es, wenn meine Eltern mal einen Elternsprechtag besuchten, nur diese Info: „Alles bestens, weiter so." Voll chillig war so eine Veranstaltung also. Aber gleichzeitig auch unnütz. Deswegen gingen meine Eltern auch nie mehr hin.

Nun war ich aber neulich auf der pädagogischen Konferenz der Klasse 1c und erhielt die Info:

„Am Anfang hielt Alexander sich an KEINE Regel."

Mir wurde schlagartig klar, dass ich das „Alles bestens, weiter so"-Gen nicht vererbt haben konnte. Allerdings dachte ich auch daran, dass ich in dieser Schule die erste Klasse hatte zweimal besuchen dürfen. Hatte ich vielleicht ein „Noch mal von vorn! Schule ist noch nichts für dieses Kind"-Gen zu vererben?

Heute ist jedenfalls Elternsprechtag. Ich habe mich bestmöglich darauf vorbereitet und mich sehr brav angezogen. Kann man einer brav aussehenden Mutter etwas Böses sagen? Kann man? Bringt man das übers Herz?

Ich habe ein Cordkleid an, einen Pferdeschwanz und ein tapferes Lächeln auf den Lippen. Um mich herum auf dem Flur grölen ein paar Neuntklässler herum. Kommen deren Eltern auch zum Elternsprechtag? Denen könnte ich direkt was erzählen ...

13:35 Uhr, Klassenzimmer

Alexanders Klassenlehrerin, Frau Becker, öffnet mir die Tür. Ich bin so aufgeregt. Hoffentlich kriege ich keine Blähungen, das geht nämlich ganz schnell bei mir, wenn ich nervös bin ...

Frau Becker sieht aus, wie eine Grundschullehrerin aussehen muss. Sie hat schulterlange, blonde Haare, eine Brille und ein freundliches Gesicht.

Frau Becker will mir einen Platz auf den Ministühlen an den Mini-tischen anbieten. Und jedes Mal stoße ich mir die Knie, jedes Mal! Und da ich mir schon denken kann, heute tapfer sein zu müssen, frage ich sie, ob ich nicht einfach auf dem Tisch Platz nehmen darf.

War ja klar. Ich darf's nicht. Nichts darf ich! Ich darf mich nur auf einen grauen, großen Stuhl setzen, wie man ihn aus den naturwissenschaftlichen Fächern kennt.

Und dann legt sie los.

„Alexander konzentriert sich nicht."

„Alexander kommt oft zu spät!"

„Alexander ärgert die Mädchen rechts und links neben sich."

„Alexander benimmt sich nicht in Musik und Sport."

„Alexander ist jetzt in einer Extragruppe für Hausaufgaben."

„Arbeits- und Sozialverhalten kann ich leider nicht gut bewerten."

„Aber ansonsten läuft alles wirklich bestens."

ABER ANSONSTEN LÄUFT ALLES WIRKLICH BESTENS? Ich hätte gern gefragt, welches „Ansonsten" Frau Becker da so meint. Vielleicht, dass Alexander löblicherweise nicht bis an die Zähne bewaffnet zum Unterricht kommt? Oder dass mein Kind noch keinen Schwarzmarkt für Drogen und Handys in der Schule aufgemacht hat?

Ich mache ein sehr tapferes Gesicht und denke: „Ich habe ein Cordkleid an. Sehen Sie das nicht? Ich habe extra meine Jacke ausgezogen und friere mich zu Tode! Mein Cordkleid! Was hätten Sie mir gesagt, wenn ich mit einem T-Shirt gekommen wäre, auf dem ‚Kniet nieder, Ihr Knechte!' stehen würde? Etwa NOCH Schlimmeres?"

Aber ich sage nichts, sondern denke an meine Freundin Maja, wie sie neben mir sitzen und mir verbieten würde zu heulen. Mit großen, warnenden Augen. Ihre drei Söhne beeindruckt das. Mich erst recht.

Also bin ich tapfer und habe noch nicht mal Blähungen. Auch das würde mir Maja untersagen. Ich schnappe mir wie zufällig Alexanders Stempelkarte, auf der laut Alexander schon 1.000 Stempel für gutes Benehmen stehen müssten. Es sind 996 weniger. Hat er sich wohl vertan. UND MICH ANGELOGEN!

Frau Becker muss ein kleines Grinsen unterdrücken und hält mich vermutlich für DEN Kontrollfreak überhaupt. Ich muss gestehen, ganz Unrecht hat sie damit nicht.

Ich verabschiede mich artig, streiche noch einmal mein Cordkleid glatt, damit sie es auch ja sieht, und gehe. Ansonsten läuft ja wirklich alles bestens ...

15:40 Uhr, auf dem Weg zum Hort zu Frau Meyer

Herr Müller kommt mir entgegen.

„Sie sind bestimmt Frau Held, Alexanders Mutter, oder?"

„Das kommt jetzt ganz drauf an ... Also, ich meine, ja, so ist es!"

„Ja, also", fängt der Rentner an, der in der Hausaufgabenbetreuung arbeitet. „Alexander ist wahnsinnig unkonzentriert."

Mein Cordkleid.

„Er singt und lenkt die anderen ab. Alexander kann übrigens sehr schön singen, aber er soll doch seine Hausaufgaben machen. Da trödelt er sehr herum."

Mein Cordkleid!

„Ich weiß gar nicht, wie ich ihm das begreiflich machen soll."

Aber läuft ansonsten nicht alles wirklich bestens?

„Ich werde mit ihm sprechen!", sage ich tapfer und bedanke mich für diese erniedrigende Information.

Oh, da hinten steht Alexander und zieht sich an. Aber ich nehme ihn noch gar nicht mit und eigentlich würde ich ihn am liebsten in die Fundgrube setzen!

Tiefe Ringe hat er unter den Augen. Er weiß, glaub ich, schon Bescheid. Automatisch nehme ich ihn in den Arm.

„Warum hast Du mich mit den Stempeln angelogen?"

Ein schuldbewusster Blick. Ich bin eine Helikoptermutter. Sagt man. Oh Gott. Ich glaube, sie haben alle Recht. Scheiße.

„Ich dachte, ich kriege sonst Ärger."

„Der wäre ja auch irgendwie berechtigt, oder? Aber wenn ich es so rauskriege, wie jetzt, dann ist der Ärger eigentlich viel größer."

„Tut mir leid, Mami ...“

„Ich gehe jetzt zu Frau Meyer. Mal gucken, was die mir so sagt.“

„Die wird Dir sagen, dass ich bei den Hausaufgaben herumtrödele und mich ablenken lasse, das sag ich Dir lieber gleich, Mami.“

Mein Cordkleid. Wahrscheinlich läuft ansonsten alles super ...

Ich weiß, wie doof es für ihn ist, auf diese Aussprache zu warten. Und warten muss er, weil ich ja jetzt zu Frau Meyer gehe, der Ganztagsbetreuerin.

Frau Meyer bittet mich herein. Kurzes, verstrubbeltes Haar, prominente Vorderzähne, Brille. Eine Ausstrahlung, bei der man sie einfach gernhaben muss. Ich hätte sie sofort in mein Herz geschlossen, wäre ich als Kind in ihrer Obhut gewesen, wirklich.

„Ja, Frau Held. Wir finden es schade, dass Alexander sich so schlecht konzentriert. Er ist, wie Sie vielleicht wissen, in einer Extra-Hausaufgabenbetreuung, da läuft's ein bisschen besser. Aber er trödelt immer noch sehr und lässt sich durch nichts beeindrucken.“

Hm. Ich bitte um ein Glas Wasser. Dagegen kann Maja nichts haben. Wo ich schon nicht losheule und meinen Darm im Zaum halte.

Frau Meyer fährt fort:

„Ansonsten läuft aber alles wirklich bestens.“

Ach.

„Und er fühlt sich im Hort sehr wohl mit den Kindern. Das ist ein sehr friedliches Miteinander.“

Bevor ihr doch noch etwas einfällt, bedanke ich mich lieber schnell und gehe.

Ein Gespräch mit Frau Schröder, Alexanders Kunstlehrerin, steht noch aus, keine Ahnung, was ich da verkraften muss. Ich kaufe mir erstmal eine Waffel. Ich finde, dass ich mir die durchaus verdient habe.

Dass immer ich für diesen Elternsprechtagsscheiß zuständig bin! Nächstes Mal kann Lennert hingehen. Ich leihe ihm auch gern mein Cordkleid.

16:20 Uhr, vor dem Kunstraum

Mittlerweile ist es draußen dunkel geworden. Auf dem Flur, der um die Klassenzimmertür herum in Backstein gehalten wird, und an der Garderobe in Holz brennt neben den Klassenzimmertüren ein Licht. Es ist gemütlich und erinnert mich an Jugendherberge und Freizeit. Meine Waffel ist ausgezeichnet.

Frau Schröder bittet mich herein. Eine kleine, leicht pummelige, dunkelhaarige Frau mit Weitsichtgläsern und liebem Blick. Ich setze mich.

„Was führt Sie zu mir?", fragt sie mich.

Och, ich dachte, wir lernen uns mal kennen, kämmen uns gegenseitig die Haare und lästern über Jungs ...

„Ich wollte mal hören, wie es mit meinem Sohn Alexander so läuft", bringe ich heraus, mit Blick aufs Cordkleid.

„Also mit Alexander", beginnt die Kunstlehrerin und macht eine Pause. Ich wusste es. Alexander malt sicher die Wände an, kippt die Wasserbecher über andere Kunstwerke und tuscht „Ich hasse euch alle und will euch töten" an die Klassenzimmertür. Ich hab's gewusst ...

„Also mit Alexander läuft es wirklich richtig, richtig, richtig super", endet Frau Schröder.

Was hat sie gesagt?

„WAS? OH GOTT, IST DAS TOLL! DANKE DANKE! ENDLICH ENDLICH ENDLICH! Wissen Sie, was ich heute schon ertragen musste?" entgegne ich überglücklich.

„Ja, hab ich schon gehört", sagt sie.

Ich bitte erneut um ein Glas Wasser.

„Mit Alexander habe ich wirklich die allerwenigsten Probleme."

„Wir sprechen von meinem Sohn Alexander Held, ja?", versichere ich mich.

„Oh ja! Alexander arbeitet so konzentriert, hat als Einziger wirklich zwei Stunden lang Schnipsel aufgeklebt für unsere Regenschirmdeko. Erstaunlich, wirklich. Richtig toll läuft das", bekräftigt Frau Schröder fröhlich.

Es gibt also doch noch Hoffnung. Eine kleine.

16:30 Uhr, im Hort

Leichenblass zieht sich Alexander an. Ich nehme ihn in den Arm.

„Ganz wirklich. Egal, was du tust, was für ein Unsinn es auch ist, ich habe dich immer lieb. IMMER, hörst du? Sag mir lieber immer gleich, wenn was war, denn ich kriege es raus – irgendwann. Spätestens an Elternsprechtagen."

„Ich versprech' dir, es wird besser, ganz wirklich. Ich muss das alles noch lernen. Und manchmal hab ich einfach Angst, dass du mich nicht mehr lieb hast, wenn das in der Schule nicht so gut läuft."

Wir stehen bestimmt zehn Minuten umarmt auf dem Flur. Aber ansonsten läuft ja alles bestens. Ich kaufe uns erstmal eine Waffel.

Bingbingbing. Mein Handy. Eine Wöchnerin.

„Joel schafft es einfach nicht, auch nur einmal acht Stunden durchzuschlafen. Sollte er das mit drei Wochen nicht langsam mal können? Ich glaube, er will mich einfach nur provozieren, ich merke das!"

Ich denke bei mir: „Glaub mir, in ein paar Jahren, wenn du hier beim Elternsprechtag sitzt, wirst du dich zu diesem ‚Luxusproblem' zurücksehnen."

Sauber

Hebammen sind die letzten Dreckschweine, wenn es um Hygiene geht. „Hygiene" und „Hebamme" fangen zwar beide mit H an, aber das war's auch schon an Gemeinsamkeiten. Sagen viele OP-Pfleger.

Ich kriege fast einen Herpes – einen wirklich richtig, richtig fetten Herpes – bei dem bloßen Gedanken daran, mich in einer U-Bahn festhalten zu müssen. Mein Gleichgewicht ist ausgezeichnet. Jahrelanges Training. Eben weil ich mich nirgends festhalte. Nirgends.

Ich entwickle an Fußgängerampeln fast einen Würgereiz bei dem Anblick des Buttons, der gedrückt werden muss, damit meine Ampel grün wird. Gott sei Dank stehen ja meist genügend Leute da, vor allem Kinder, die immer ganz wild darauf sind, diese bakteriell verseuchte Katastrophe anzugrabbeln. Unfassbar.

Wenn da aber niemand steht ... Dann kriege ich richtig Stress. Aber so richtig.

Kommt mir in der Stadt ein Fußgänger entgegen und niest oder hustet, bin ich mir sehr sicher, am nächsten Tag eine Lungenentzündung zu bekommen. Oder Tuberkulose.

In meinem Auto steht ein Händedesinfektionsmittelspender. Nach jedem Hausbesuch bediene ich mich kräftigst daran. Und vor dem nächsten Hausbesuch auch noch mal. Obwohl ich ja auf der Fahrt bis auf das ebenfalls desinfizierte Lenkrad nichts angefasst habe. Man weiß ja nie.

Wenn ich morgens aus dem Haus gehe, dann bin ich nur glücklich, wenn Spülmaschine, Waschmaschine und Wäschetrockner laufen, ich die Bäder geschrubbt und alles durchgesaugt habe. Das Gefühl von Sauberkeit macht mich sehr froh.

Im Moment haben wir nur eine Toilette. Das ist schon schrecklich genug für vier Personen. Finde ich. Aber als wir einmal mit 13 Personen Silvester feierten, kam ich an mein nervliches Limit. Ernsthaft. Eines von den Kindern, die eingeladen waren, scheint immer nur dann zu kacken, wenn es bei uns ist. Jedes Mal! Egal, wann dieses Kind mal herkommt. Erstmal scheißen gehen. Schrecklich. Und leider landet viel davon außerhalb der Kloschüssel. Und das mit zehn Jahren! Noch schrecklicher.

Ich habe ihm gesagt, dass es erst wiederkommen darf, wenn es einen Toilettenlehrgang mit Diplom absolviert hat. Danach habe ich ihm einen Lappen und Putzzeug in die Hand gedrückt. Ich hab das Klo hinterher trotzdem lieber noch mal selbst gereinigt.

Bingbingbing. Mein Handy. Eine Wöchnerin.

„Meinst du, es ist sinnvoll, sich zu Hause nach dem Händewaschen die Hände zu desinfizieren? Wegen der ganzen Keime und so?"

Um Gottes willen. Ist sie wahnsinnig? Wie viele Allergien will sie da provozieren?

Ein Tag mit einer Hebamme

Wie die Hebamme an sich ihren Tag verbringt, das weiß kein Mensch so genau. Die Schwangeren und Wöchnerinnen sehen die ja immer nur für eine halbe Stunde oder so. Und da kommt die Hebamme gerade von irgendwoher und würde nach dem Hausbesuch auch wieder irgendwohin fahren. Aber woher kommt sie? Und wohin fährt sie? Das fragt man sich und überlegt, wie das so abläuft:

Wie man sich einen Hebammentag so vorstellt

5 Uhr

Die Hebamme steht auf. Sie wird nicht von einem Wecker geweckt. Nein, sie hat ihre innere Uhr. Und die sorgt dafür, dass die Hebamme Punkt fünf Uhr wach wird und gut gelaunt aufsteht.

5:15 Uhr

Die Hebamme kommt aus dem Bad. Zähne geputzt, kurz unter die kalte Dusche gestellt (belebt Körper und Geist noch mehr), Leinenkleid übergeworfen ... Die Hebamme an sich ist ja nicht eitel und deswegen immer superschnell fertig im Bad.

5:16 Uhr

Die Hebamme macht sich erstmal einen grünen Tee und ein Dinkel-Hafer-Müsli zum Frühstück. Natürlich alles voll bio. Alles. Selbst die Tasse, aus der sie den Tee trinkt, wurde aus biologisch angebautem Ton gefertigt. Sie füttert ihre Katze.

5:45 Uhr

Die Hebamme begibt sich in ihren Kräutergarten und macht dort erstmal Yoga.

8 Uhr

Die Hebamme wird, während sie noch immer oder schon wieder Yoga macht, zu einer Geburt gerufen. Sie pflückt ein paar Kräuter aus ihrem Kräutergarten, die sie alle gut für Tees und Kräuterauflagen und -kompressen für die Geburt gebrauchen kann, und fährt mit ihrem Fahrrad und ihrer Tasche los.

12:30 Uhr

Die Geburt der kleinen Johanna ging dank der Kräuter superflott. Mutter und Kind sind wohlauf. Die Hebamme fährt wieder nach Hause.

13 Uhr

Die Hebamme isst eine Gemüsesuppe. Das Gemüse kommt aus ihrem Garten und ist ungespritzt. Natürlich.

13:30 Uhr

Die Hebamme begibt sich in ihren Garten und macht ein bisschen Pilates.

15 Uhr

Die Hebamme strickt fünf Paar Wollsocken. Ihre Katze liegt direkt neben ihr.

16 Uhr

Die Hebamme trinkt eine Tasse Kaffee. Natürlich aus fairem Handel. Und wieder aus der Bio-Ton-Tasse von heute Morgen.

16:45 Uhr

Die Hebamme rührt in einem großen Bottich voller Kräuter und Flüssigkeiten herum.

18 Uhr

Die Hebamme meditiert und findet ihre innere Mitte.

19 Uhr

Die Hebamme isst zum Abendbrot eine Scheibe Dinkelbrot mit einem veganen Brotaufstrich. Alles bio. Logisch.

20 Uhr

Die Hebamme geht ins Bett.

Wie so ein (fleißiger) Hebammentag wirklich ist

6:30 Uhr

Lennert trägt Selma in unser Bett. Fast jeden Morgen macht er das. Sie duftet so unglaublich gut nach geliebtem, gesundem, sauberem, vertrauendem, behütetem Kind. Alexander ist für solche Späße schon zu schwer.

Nachdem ich mit Abschnuppern fertig bin, schubse ich Selma aus dem Bett und schleppe mich ins Bad. Heute Abend werde ich um 19 Uhr schlafen gehen. Spätestens. Meine Fresse, bin ich müde. Meine Fresse, sehe ich schlimm aus. Badhairday vom Feinsten, sagt der Spiegel. Augenringe und Tränensäcke bis nach Meppen.

6:40 Uhr

Lennert ist schon unten und deckt den Tisch. Gott allein weiß, wie ich das hingekriegt habe, aber ich bin angezogen. Jeans, Poloshirt, Sneakersocken. Kontaktlinsen. Make-up. Perlenohrringe. Perlenkette. Frisur.

„Selma, Alexander! Macht hin!"

6:45 Uhr

Lennert und ich sitzen am Frühstückstisch und schmieren schon mal die Brote für die Kinder. Man weiß nie, ob die morgens schon die Motorik für solche Herausforderungen haben.

„Was gibt's denn heute Abend?", fragt Lennert.

„Lasagne."

„Oh, lecker."

6:50 Uhr

„Selma! Alexander! Wo bleibt Ihr?", schreie ich nach oben.

Keine Antwort.

6:51 Uhr

Ich gucke nach oben ins Bad. Beide Kinder liegen vor dem Heizlüfter und pennen.

6:52 Uhr

Heizlüfter aus, Fenster und Tür auf.

„Anziehen, aber sofort. Und Zähne putzen. Zackig! Wer als Letzter unten ist, bezahlt einen Euro."

6:55 Uhr

Alexander und Selma kommen zeitgleich unten an. Selma muss wieder hoch. Haare schon wieder nicht gekämmt. Hat auch Bad-hairday.

6:57 Uhr

Selma kommt gekämmt und mit Haarband in die Küche. Beide Kinder essen saumüde ihre Brote, trinken ihren Kakao (Nicht Fairtrade, weil der irgendwie leider richtig scheiße schmeckt.). Ich mache Selma einen französischen Zopf.

7 Uhr

Lennert gibt uns allen einen Kuss und fährt los.

7:02 Uhr

„Alexander, los, mach hin, du musst auch gleich los."

„Jaaaaaa."

7:05 Uhr

„Los jetzt, Alexander, komm mal zum Ende jetzt. Brot und Trinken einpacken und los geht's."

„Jaaaaa."

7:06 Uhr

„Alexander, zackig jetzt."

„Jaaaaaa."

7:10 Uhr

Alexander schlurft in den Flur. Schlurft zurück. Essen und Trinken vergessen.

Will es einpacken. Schlurft hoch ins Zimmer. Da steht sein Ranzen. Schlurft mit Ranzen runter. Packt alles ein. Alexander schlurft raus.

Schlurft wieder rein. Schuhe vergessen. Schlurft wieder raus.

Und wieder rein. Ranzen vergessen. Schlurft wieder raus.

Und wieder rein. Nimmt mich in den Arm.

„Tschüss Mami."

„Tschüss Süßer, fahr vorsichtig."

„Jaaaaaa."

Schlurfschlurf.

7:15 Uhr

Selma gibt mir einen Kuss.

„Tschüss Mami. Ich liiiiiiiiiebe dich."

Oh Gott, wie süß! Und dann noch ihre riesigen Augen dabei.

„Ich dich auch, kleine Maus. Und warum liebst du mich?"

„Na, weil du mich geboren hast! Ohne dich gäb's mich gar nicht."

Ich vergehe vor Glück. Ich liebe meine Kinder. Die beiden kleinen Himmelsgeschenke.

„Tschüss kleiner Schatz. Bis nachher."

7:20 Uhr

Küche aufräumen. Spülmaschine anstellen.

7:35 Uhr

Wäsche aus dem Trockner zusammenlegen, Wäsche aus der Waschmaschine in den Trockner schmeißen und anstellen. Wäsche in die Waschmaschine schmeißen und anstellen. Zusammengelegte Wäsche in die Schränke räumen.

7:50 Uhr

Bäder putzen.

8:10 Uhr

Einmal überall durchsaugen, Betten machen, durchlüften.

8:40 Uhr

Unterwegs zum ersten Hausbesuch.

Bingbingbing. Das Handy.

Mandy. Zu der fahre ich ja jetzt. Ihr würde es jetzt irgendwie doch nicht so gut passen, sie hätte einen sehr wichtigen Termin. Ob ich nicht morgen kommen könnte.

Schreibe ihr: „Liebe Mandy, ich könnte nächste Woche wiederkommen. Wenn du den leider viel zu spät abgesagten Hausbesuch privat bezahlst und dir der Termin nächste Woche reicht, ist das kein Problem."

Sie antwortet: „Ach so. Ne. Dann bis gleich."

8:50 Uhr

„Na Mandy? Alles klar? Hast du deinen wichtigen Termin verschoben?"

„Meine Cousine wollte zum Frühstücken kommen. Die kommt dann später", sagt sie.

Wir besprechen die Thematik „Wichtige Termine, die dazwischenkommen und ihre Konsequenzen", ich wiege ihr Baby.

Hätte ich gar nicht machen müssen. Das sieht richtig schön rund aus.

9:20 Uhr

Bingbingbing. Das Handy.

Birgit. Sie hat gemerkt, dass sie meinen Rückbildungskurs uhrzeit-mäßig zu früh findet, und möchte sich abmelden. Rufe sie kurz an und sage ihr, dass sie den Rest des Kurses leider privat bezahlen muss.

„Aber wenn ich den Kurs bei deiner Kollegin dann mache?", fragt sie.

„Da habe ich ja nichts von."

„Könnt Ihr euch das Geld nicht teilen?"

„Nein."

„Das ist ja doof."

„Tja."

„Dann muss ich ja wohl doch weiter kommen."

„Ja. Wunderbar. Ich freu mich!"

9:30 Uhr

Bei Louisa und Jan.

„Gut, dass du kommst", sagt Jan, der schon an der geöffneten Tür steht.

„Oh, gibt's eine Katastrophe?", will ich wissen.

„Ja", sagt Jan nur knapp und deutet auf Louisa, die heulend im Wohnzimmer sitzt und ihr rosiges Baby stillt.

Ich nehme sie erstmal in den Arm.

„Es ist einfach nur schrecklich", flüstert sie.

„Was denn? Das Wetter? Die politische Lage im Ausland? Die Sprit-preise?", frage ich.

Sie lacht kurz.

„Ach, die Scheißhormone ... Und dann will Jette die ganze Zeit an die Brust. Egal, was ich machen möchte, Jette schreit und gibt erst Ruhe, wenn ich sie stille! Guck dir das an! Ich bin in meinem Sklaven-sessel gefangen und in dem muss ich Jette stillen! Und Jan hat vorhin was total Gemeines gesagt. Er hat allen Ernstes gesagt, ‚Wenn du dich überfordert fühlst, muss Jette ins Heim.'"

Tja. Vatti. Dieser Aufmunterungsversuch ging wohl daneben. Ich muss trotzdem lachen. Und Louisa dann auch kurz, während sie ihre Tränen abwischt und Jan nur aus Prinzip noch mal böse anguckt.

Jette ist drei Wochen alt und da steht der Schrei nach Nahrung an oberster Stelle. Wachstum und so.

„Du schaffst das, Louisa. Du und dein Sklavensessel. Er wird dir kurz am Hintern festwachsen, aber dann wird alles wieder gut."

10 Uhr

Bingbingbing. Das Handy.

Janine. Ob ich heute Abend zum Handballtraining kommen würde.

„Hallo? Ich verstehe die Frage nicht! Natürlich!"

Bingbingbing. Noch mal das Handy.

Eine mir unbekannte Frau. Sie hätte letzte Woche entbunden, sei jetzt zu Hause, hätte vorher keine Zeit gehabt, sich um eine Hebamme zu kümmern. Bräuchte jetzt eine. Wann ich käme. Am besten noch heute.

Rufe sie kurz an, sage ihr, dass ich leider keine Kapazitäten mehr frei hätte.

„Ja, aber die 20 anderen, die ich vor Ihnen angerufen habe, haben auch keine Zeit!", sagt sie.

„Das ist zwar doof, aber das heißt ja dann nicht zwingend, dass ICH somit Zeit haben muss, oder?"

Was sie jetzt machen solle, möchte sie wissen.

„Die nächsten 20 Hebammen von der Liste abtelefonieren. Und wenn von denen auch keine kann, dann zum Kinderarzt oder Gynäkologen gehen."

Wenn wir Hebammen wirklich abgeschafft werden sollten, wonach es gerade sehr aussieht, wird das ein Spaß der ganz besonderen Art werden. Wie soll das gehen, frage ich mich. Wie ...

11:30 Uhr

Das Jugendamt und ich betreuen Manuela gemeinsam. In ihrer Wohnung wohnen zwar 15 Katzen (ich bin leider allergisch gegen Katzen) und es wird offensichtlich auch nur einmal im Jahr durchgesaugt und gelüftet, aber ansonsten kommt Manuela gut klar mit ihrem Baby. Es macht einen zufriedenen Eindruck, nimmt gut zu, ist gepflegt und sauber. Hätte irgendwie keiner so richtig gedacht.

Heute ist der letzte Hausbesuch. Die Frau vom Jugendamt ist auch da. Wir beide haben ein gutes Gefühl dabei, Mutter und Kind (und Katzen) nicht weiter zu betreuen.

12:00 Uhr

Bingbingbing. Mein Handy.

Die Lehrerin der Gesamtschule, an der ich mal an einem Teenagerschwangerschaftspräventionsprojekt mitgewirkt hatte. Ob ich dieses Jahr in einer neuen neunten Klasse noch mal mit dabei sein wollen würde.

Oh, gern!

12:05 Uhr

Eine mir unbekannte Frau ruft mich an.

„Hallo Anna-Maria. Ich habe deine Nummer von Katrin."

Aha. Und die hat dir wohl offensichtlich gesagt, „Die brauchste nicht siezen", oder was? Naja. Ich sag mal nichts dazu. Mal gucken, was die will.

„Und was kann ich für Sie tun?", frage ich.

„Ich brauche unbedingt eine Hebamme."

Aha.

„Und Katrin war so zufrieden mit dir."

Das ist ein schönes Feedback.

„Und da dachte ich: ‚Die will ich auch mal kennenlernen.'"

Aha.

„Ich hatte in der ersten Schwangerschaft Frau Soundso. Die war aber doof."

Aha.

„Weil die immer irgendwelche Verbesserungsvorschläge gemacht hat."

Wohl nicht ohne Grund. Aber gut.

„Und ich brauche eine Hebamme, die einfach rund um die Uhr für mich erreichbar ist. Tag und Nacht, verstehst du?"

Aha. Ja. Verstehe ich. Erstaunlich, dass Katrin ihr den Eindruck vermittelt hat, ich wäre so eine Hebamme.

„Also, ich brauche eine Hebamme, die einfach da ist, wenn ich sie brauche. So voll flexibel. Verstehst du?"

Ja. Verstehe ich. Bin ich aber nicht.

„Eine Hebamme, die einfach wie eine gute Freundin immer bei mir ist und mir sagt, dass ich das alles total super mache."

Und wenn du das aber überhaupt nicht super machst? Du wirst es bestimmt super machen. Aber mal angenommen, was, wenn nicht? Und überhaupt: Wenn ich schon genug Freundinnen habe? Hm? Hm? Hm? Was dann?

„Ich kann erst wieder Frauen mit Entbindungstermin in einem halben Jahr annehmen", melde ich mich endlich mal zu Wort. Was stimmt. Und lüge noch schnell ein „Tut mir echt leid" hinterher.

„Und du kannst da gar nichts machen?", fragt ... Wie heißt die denn eigentlich? Die Katrin-Freundin?

„Nein, da kann ich Ihnen leider nicht weiterhelfen."

„Kannst du mir denn vielleicht eine andere Hebamme empfehlen?", fragt sie.

Ich nenne ihr eine, von der ich zumindest nicht komplett ausschließen kann, dass sie völlig ausgebucht ist. Sie hat nämlich gerade erst angefangen.

„Ich bräuchte noch ein paar mehr Alternativen, weil ich mir die alle erstmal angucken will. Ich stelle mir das so vor, dass die sich bei mir bewerben und vorstellen und ich mir dann eine aussuche. Die Krankenkasse bezahlt angeblich nur ein Vorgespräch, hab ich gehört. Stimmt aber nicht, oder?"

Doch. Das stimmt.

„Na egal, wenn man sich nett zum Kaffee trifft, dann ist das ja sicher auch okay."

„Für mich persönlich wäre das jetzt nicht okay. Ist ja Arbeitszeit", sage ich.

„Ja, okay. Tschüss."

12:30 Uhr

Ich treffe bei Viktoria ein. Akupunktur zur Geburtsvorbereitung, ein Tape für den schmerzenden Rücken. Einmal Herztöne hören.

Nach zwei Fehlgeburten ist das nun das erste Baby, mit dem sie in der Schwangerschaft so weit gekommen ist. Viktoria freut sich und ist zum ersten Mal seit Monaten zuversichtlich, dass alles gut wird. Nächste Woche hat sie den errechneten Entbindungstermin. Wenn die Geburt nun losgeht, dann soll sie.

13 Uhr

Bingbingbing. Das Handy.

Claudia. Die ist so herrlich und lustig verpeilt. Sie hätte (wie immer) vergessen, für wann wir unseren nächsten Termin vereinbart haben.

Jedes Mal ist es das Gleiche. Ich frage sie schon immer, ob ich ihr das aufschreiben soll. Aber sie ist sich sicher, sich das merken zu können. Klappt wie immer. Nämlich gar nicht.

Ich könnte mich totlachen. Immer und immer wieder. Ich mag sie sehr. Schreibe ihr kurz zurück, wann wir uns sehen werden.

13:30 Uhr

Dann bin ich beim Vorgespräch mit Frau R. Sie ist richtig aufgeregt. Ihr erstes Treffen mit einer Hebamme. Hui. Ich hoffe, sie ist nicht enttäuscht, dass ich nicht auf einem Besen angeflogen komme.

Frau R. hat Kuchen gebacken, Kaffee gekocht. Ich werde leider dem Hebammenklischee voll gerecht und lange zu. Es ist ein sehr angenehmer Termin und ich freue mich auf die Zeit mit dieser Familie.

14 Uhr

Endlich bin ich zu Hause. Selma und Alexander sind gerade angekommen. Wir essen zusammen Gulasch, von dem ich gestern in weiser Voraussicht genug gekocht hatte. Die beiden machen Hausaufgaben und zischen dann ab zum Sport.

15:30 Uhr

In der Stillsprechstunde in der Hebammenpraxis. 15 Frauen und ihre Babys sind hier und stellen ihre Fragen zum Thema „Stillen" und „Beikost".

Ich mag diese Sprechstunde, auch wenn sie mir überhaupt kein Geld bringt. Aber hier treffen sich viele Frauen wieder, die ich aus den Geburtsvorbereitungskursen kenne und im Wochenbett betreut habe. Aus den Schwangeren sind Mütter geworden und ich freue mich immer wieder zu sehen, wie es so bei ihnen läuft.

17:30 Uhr

Rebekka hat heute Entbindungstermin. So steht's zumindest im Mutterpass. Und wie fast alle Schwangeren macht sie sich etwas verrückt mit der Frage, wann es denn nun endlich losgeht.

„Die Tasche ist gepackt. Marko hat Urlaub. Die kleine Maus darf nun kommen!", sagt sie, während ich ein CTG schreibe. Wir werden uns definitiv erst wiedersehen, wenn sie ihr Baby bekommen hat. Die nächsten Untersuchungen werden wieder von ihrer Gynäkologin durchgeführt. Dieser Besuch hat wirklich etwas Magisches.

18:30 Uhr

Ich fahre nach Hause, wo Lennert, Selma und Alexander auch gerade wieder angekommen sind. Selma und Alexander gehen duschen, Lennert sitzt bei mir in der Küche, während ich das Abendessen koche. Heute gibt's ja, wie gesagt, Lasagne.

Ich mag solche Momente. Lennert und ich müssten uns noch nicht mal zwingend unterhalten. Es reicht aus, dass wir beide im selben Raum sind und wissen, dass wir da sind. Wir hatten heute beide einen anstrengenden Tag, an dem wir schon viel mit anderen Leuten gesprochen haben.

Die Lasagne schmeckt unglaublich lecker. Rezept von Mama. Kochen liegt in Mamas Familie. Essen auch.

19:30 Uhr

Beim Handballtraining. Meine Mannschaft ist der Kracher! Sie ist ein Team. Sie hält zusammen.

21:30 Uhr

Handballtraining ist zu Ende, und ich bin herrlich fertig.

22 Uhr

Marion hat heute ihr Baby bekommen und ist ambulant gegangen. Da schau ich kurz mal vorbei.

Ganz frisch ist alles noch. Das Licht ist gedämpft. Der Zauber des Anfangs ist spürbar. Im Vergleich zum lauten Training ist hier alles leise.

Mein Job ist großartig!

0 Uhr

Als ich komme, brennen die Kerzen vor unserer Haustür. Alles schläft. Ich finde es herrlich, nach Hause zu kommen. Und noch mehr mag ich es, jetzt in mein Bett zu gehen und zu schlafen.

6 Uhr

„Bitte", wimmere ich ... „Darf ich bitte, bitte, liegen bleiben? Ich habe erst heute Nachmittag einen Termin ... Ich könnte endlich mal ausschlafen ... Bitte ... Ich mach auch nie wieder Fisch ..."

Ich würde sogar meine Seele verkaufen für etwas Schlaf ...

„Na gut, fauler Schatz, schlaf weiter."

Danke, Lennert. Ich schlafe direkt wieder ein und verpasse den kompletten Morgen.

10 Uhr

Ich bin noch sooo müde ... Aber irgendwie auch ganz schön hungrig. Schlurfe runter in die Küche.

10:01 Uhr

DINGDONG, der Postbote.

Cool. Mein neues Handballtrikot ist da. Musste sein.

10:10 Uhr

Ich esse Müsli. Und zwei Eier. Und zwei Toasts. Mit fett Nutella. Und trinke einen Kaffee. Und habe meine Mama im Ohr:

„Nicht gut für die Leber!"

Aber für die Seele ...

10:11 Uhr

Bingbingbing. Mein Handy.

Hanna. Sie sagt den Termin für heute Nachmittag ab, weil sie Grippe hat. Cool. Ich meine natürlich: Gute Besserung.

Aber cool, dass ich somit komplett frei habe.

10:20 Uhr

Schlurfschlurf ins Bett. Meine Güte. Bin ich müde.

Als hätte ich fünf Wochen nicht geschlafen.

12 Uhr

Wache wieder auf. Fühle mich wie ein schlechter Mensch. Wie faul kann man eigentlich sein?

Gut, dass heute Abend Handballtraining ist. Kurz noch einmal schlafen. Einmal noch ...

13 Uhr

Selma kommt aus der Schule.

Alexander hat heute Ganztagsschule.

„Kann ich einfach nur Cornflakes essen, Mama?", fragt sie mich.

Klar.

„Kann ich dafür noch ein bisschen schlafen?", frage ich sie.

„Ich wollte sowieso gleich noch mit Lara spielen", sagt sie. Super.

14 Uhr

Selma fährt zu Lara, und ich schleppe mich aufs Sofa. Und schlafe noch ein bisschen.

15 Uhr

Bingbingbing. Das Handy.

Karla. Sie kommt heute nicht zum Training. Sie muss unbedingt was im Garten machen. Aha.

15:10 Uhr

Bingbingbing.

Carola kommt auch nicht. Sie geht heute mit ihrer Nichte essen. Aha.

15:20 Uhr

Bingbingbing.

Margarete kommt auch nicht. Sie hatte letzte Woche Rücken und will lieber nichts überstürzen.

Also langsam frage ich mich, ob die alle 50 sind. Wir sind doch nicht beim Rehasport.

15:30 Uhr

Bingbingbing. Alle anderen sagen für heute auch ab. Zu heiß. Kein Bock. Vorbereitung für dies. Vorbereitung für das.

Ich bin etwas fassungslos. Das Training fällt wohl aus. Bin vor Ärger so erschöpft, dass ich noch mal schlafen muss.

17:30 Uhr

Selma kommt von ihrer Freundin wieder, und Alexander aus der Schule. Beide verschwinden in ihren Zimmern. Na von mir aus.

Ich esse erstmal zwei Dosen Thunfisch. Und eine Packung Schoko- riegel. Obwohl heute Abend kein Training ist. Ich werde noch so richtig verfetten. Und verwahrlosen. Ich könnte mich so langsam mal duschen und umziehen.

18 Uhr

Geduscht und umgezogen. Und geschminkt. Lennert ruft an und fragt, was es heute zu essen gibt. Sage ihm, dass ich heute keinen Bock zum Kochen habe, und bitte ihn darum, dass er was vom Chi- nesen mitbringt.

19 Uhr

Abendessen.

20 Uhr

Ich bin so müde, ich gehe direkt ins Bett. Der Tag war echt hart.

Zum Schluss

Die Hebamme an sich ist ja auch nur ein Mensch. Sagt fast niemand. Ist aber so.

Ich meine, mit uns scheint wirklich irgendwas nicht ganz zu stimmen, denn wir gehen einer Arbeit nach, die manchmal ganz schön hart ist und nur sehr wenig Geld bringt.

Es gibt Tage, an denen komme ich erst um Mitternacht nach Hause, einfach, weil so viel zu tun ist. Hier zu Hause stört das keinen mehr. Man kennt es bereits. Es ist, wie es ist. Selbst das Privatleben mit einer Hebamme ist unberechenbar.

Aber irgendwie doch auch gar nicht so schlecht.

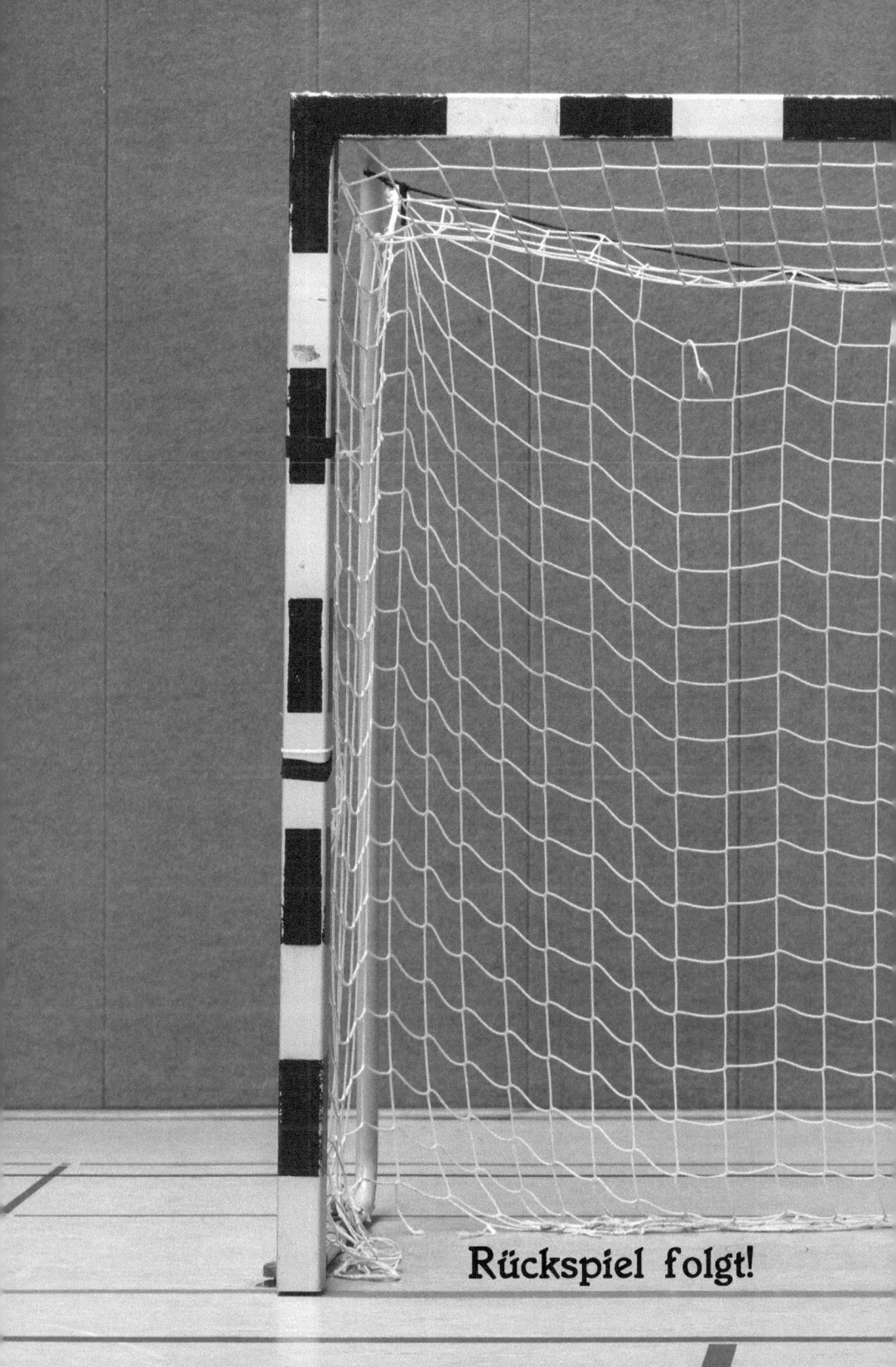

Rückspiel folgt!

Hebamme
Anna-Maria Held

Geschafft! Als zweifache Mutter darf Anna-Maria wieder die Schulbank drücken. Doch die theoretische Ausbildung an der Hebammenschule ist nur die halbe Miete. Denn jetzt heißt es, im Kreißsaal werdenden Müttern Mut zu machen und sich gegen internes Gezicke durchzusetzen. Hebamme zu werden ist Anna-Marias Herzenswunsch – wären da nicht die vorgeschriebenen Praktika im OP und andere Hürden ...

„Die Untersuchung erwies sich als sehr mühsam, weil der Muttermund Richtung Rücken lag, ich aber seine Länge abschätzen musste. Das war natürlich recht unangenehm für die Frau, jedoch unumgänglich. ‚Der Muttermund liegt bestimmt in der Nähe vom G-Punkt, oder?‘, fragte mich der Mann. ‚Ich muss den nämlich auch (!) immer sehr suchen, das dauert oft ewig! Ist immer ein ziemliches Gewühle!‘ Der Frau war das ziemlich peinlich. Ich schämte mich fremd. Dann sammelte ich mich kurz, bevor ich meinen Untersuchungsbefund präsentieren konnte.“

Schon wieder Schule! Eigentlich war für Anna-Maria die Ausbildung auf der Hebammenschule schon fast zu viel des Guten. Aber was tut man nicht alles, um wissbegierigen Neuntklässlern das A und O der Hebammenkunst beizubringen. So plaudert die freiberufliche Hebamme aus dem Nähkästchen und lässt die Horde jugendlicher Nachwuchs-Eltern samt ihren Übungspuppen an schrillen und schrägen, herzhaften und herzlichen Geschichten teilhaben.

„Chanelle erwartete ihr erstes Kind. ‚Ungeplant, aber was soll man machen?‘ Der Kindsvater kam aus einer Kultur, in der Hebammen nur ungern gesehen waren. ‚Wär toll, wenn du zwei Straßen weiter weg parkst und keinem sagst, dass du zu uns kommst. Der Marco ist auch nicht so begeistert davon, dass ich ’ne Hebamme hab. Da müssen wir mal gucken, wie das noch so wird.‘ Klar. Gern. Und sowieso: Schweigepflicht.“

Als freiberufliche Hebamme ist man ständig auf Achse. So wie Anna-Maria: Tagtäglich läuft sie sich die Hacken ab, um werdenden Mamas und Papas beizustehen und sie auch dann zu unterstützen, wenn der Schreihals erstmal auf der Welt ist. Da sind die Unsicherheiten groß, und die Verlockung, sich selbst maximal unter Druck zu setzen, ist es ebenso. Wie gut, dass Anna-Maria (kuriose) Fallbeispiele parat hat und uns Mäuschen spielen lässt, wenn es darum geht, Babys und ihre Eltern in die neue Welt zu begleiten. FAQs zu Geburt, Stillen und Wochenbett klären Basis-Fragen, und der „Knigge" zu den jeweiligen Themen verhindert die größten Fettnäpfchen.

Ein Buch für alle Schwangeren und Wöchnerinnen, die das Wesentliche über Schwangerschaft, Geburt und Wochenbett wissen wollen. Das Wesentliche ist: das wird schon. So ist das!

Für Anna-Maria und ihren Mann Lennert ist die Familienplanung mit zwei lieben, gesunden Kindern bereits abgeschlossen. Doch dann passiert es, und Anna-Maria ist schwanger. Eileiterschwanger. Auf einmal wird die Hebamme selbst zur Patientin und wechselt die Perspektive. Das Schicksal trifft sie doppelt hart, denn beim notwendigen operativen Eingriff erleidet Anna-Maria nicht nur den unausweichlichen Schwangerschaftsabbruch, sondern büßt auch einen gesunden Eileiter ein.

„Dann begann die Heulerei und es heulte von ganz allein. Ich rief Lennert an, erzählte ihm kurz mit meinem Narkosekopf, was los war. OP fertig, ich wieder wach, linker Eileiter raus, alles doof. Mehr ging nicht. Und weil ich so am Heulen war, wollte ich auch nicht, dass Lennert mit den Kindern kam. Die hätten das überhaupt nicht verstanden. Denn wegen ‚eines Blinddarms' heult man eigentlich nicht."

Überall, wo es Bücher gibt.

editionriedenburg.at